聪明的交易者2
——交易之道

周乔桑 著

地震出版社
Seismological Press

图书在版编目（CIP）数据

聪明的交易者.2，交易之道/周乔桑著.—北京：地震出版社，2023.10

ISBN 978-7-5028-5567-3

Ⅰ.①聪… Ⅱ.①周… Ⅲ.①股票交易 Ⅳ.①F830.91

中国国家版本馆 CIP 数据核字（2023）第 126920 号

地震版 XM5550 / F（6402）

聪明的交易者2——交易之道

周乔桑 著

责任编辑：李肖寅

责任校对：凌 樱

出版发行：**地震出版社**

北京市海淀区民族大学南路 9 号　　邮编：100081

发行部：68423031　　传真：68467991

总编办：68462709　 68423029

编辑室：68467982

http: //seismologicalpress.com

E-mail: dz_press@163.com

经销：全国各地新华书店

印刷：北京广达印刷有限公司

版（印）次：2023 年 10 月第一版　2023 年 10 月第一次印刷

开本：787×1092　1/16

字数：182 千字

印张：10.75

书号：ISBN 978-7-5028-5567-3

定价：48.00 元

版权所有　翻印必究

（图书出现印装问题，本社负责调换）

前 言

本人几年前有幸出版的《聪明的交易者》一书，之后不知何时，我脑子有了一个"不如试着借用中国的思想巨著——《道德经》和大家谈谈交易"的想法，于是断断续续写了两三年，写成了这本书。

本书算是对《聪明的交易者》的扩展与补充。

技术方面，因为之前出版的《聪明的交易者》一书已经有比较全面的介绍，这里不会再赘述。这本书的核心是交易的思想。毕竟，交易终究是个人思想的体现，只学技术犹如"空中楼阁"，在市场是不可能活得长久的。

我相信只要是中国人，都知道"老子"和他的旷世哲学经典巨著《道德经》。但知道归知道，所谓经典，往往是大家都知道，但一辈子都不愿意去读的。

如果说《道德经》能对我们做交易有帮助，能让我们知晓很多交易之道理，你读不读？

读一读也无妨嘛。

当然，很多人不愿读《道德经》，原因是它用古文写成，实在晦涩难懂。其实，对于一般读者来说，用简短的篇幅、通俗易懂的语言、有意思的案例加以解释，大致了解《道德经》所阐述的道理即可，不用咬文嚼字、死记硬背，因为我们毕竟不是这方面的研究者。相信以这样的方式读起来，心情会轻松很多。

《道德经》虽然只有五千余字，却是我们国家古代少有的哲学典籍。据统计，从16世纪开始，《道德经》在全世界的发行量仅次于《圣经》，外国人非常喜欢这本古老的神秘东方的经典。

德国哲学家黑格尔、尼采、叔本华，俄罗斯大作家托尔斯泰等世界著名学者对《道德经》都有深入的研究，并有专著或专论问世。尼采说："《道德经》作为老子思想的集大成，像一个永不枯竭的甘泉，满载宝藏，放下汲桶，便唾手可得。"

一些不太了解《道德经》的人，总是误以为它是一部讲"道德"的著作。其实《道德经》与我们现在说的"道德"完全不挨着边。《道德经》因为被后人分为《道经》和《德经》，所以叫《道德经》，或者《德道经》。

还有一些人认为《道德经》是开坛做法的道士的"专属教科书"。那都是《道德经》被后世宗教或行业利用所致。我们要知道，《道德经》是一本哲学著作，初衷不是为宗教而作。

一千个人读《哈姆雷特》，就有一千个哈姆雷特；一千个人读《道德经》，就有一千种不同理解。两千多年来，《道德经》的版本很多（包括流传与出土的版本），并且自古对其见解与翻译也是五花八门，据不完全统计，至少有700余种。

在医者眼中，《道德经》是一本养身典籍；在军事家眼中，《道德经》是一本兵法奇书；在政治家眼中，《道德经》是一本治国宝典……

而在交易者眼中，《道德经》何尝不能是一本交易哲理之书呢？

正如南怀瑾先生所言："（说《道德经》）别成一家一言，能说到事理通达，也就差不多了，何必固执成见，追究不休呢！你千万不要忘记老子自说的"道常无为""道常无名"，以及"道法自然"等的观念。"

中国人自古就喜欢把"儒、释、道"相互比较。提到道家的《道德经》，就顺便说说另外两家。

又如南怀瑾先生的那个比喻，他说：

"儒家就像粮店，那是生活的必需品；佛家就像百货店，琳琅满目，你进去逛一下，不买东西也有收获；道家像药店，有病的时候，有问题的时候，那就要找《道德经》了。"

我们做交易的，大多数人都是"病人"，没有"病"谁做交易啊！就算本来没"病"的，做了交易之后也多少会得一些"病"。有"病"就得求医。说不定《道德经》还真可以给我们这些做交易的治治"病"。

说到儒家，我们实在太熟悉不过，孔子弟子何止三千，今天只要是土生土长的中国人，几乎都是孔子的弟子，遵循着儒家"仁、义、礼、智、信"那一套。但在实际生活中，我们内心却更多地使用着老子的智慧。

"内用黄老，外示儒术"是炎黄子孙的"传统特色"，早已是公开的秘密。

当然，我也知道很多做交易的人喜欢读佛经。佛经典籍浩如烟海，佛家自是有无量的智慧。

但是大家想想，我们的交易者会去接触佛学、喜欢佛学，本质上无非是利用佛家的"消极"去对冲我们交易中的"积极"。

这话怎么讲呢？

做交易的人，特别是新手，都是贪婪的、焦虑的、"手痒"的（无规则地频繁交易）。这些问题都很有可能导致亏损，而越是亏损，就越是贪婪、越是焦虑、越是"手痒"。如此一来，似乎陷入了一个无法抽身的痛苦旋涡之中。

佛学谈"空"性，谈淡定与从容的生活态度，谈看破与放下的人生觉悟，让人看开一些，想开一些。这些思想让交易者不良的情绪表面上似乎得到了舒缓。当然，当情绪问题转变成心理问题或神经症的时候，如抑郁、焦虑、躁郁等，还是要尽快到医院就医，不要拖延病情。

但扪心自问，只要一天在做交易，一天在市场中，金钱真的能成为身外之物吗？

无论我们如何往脸上贴金，做交易的目的就是为求财。没有人来市场是为了普度众生或者大发慈悲的。交易者每天都沉溺于"佛教三毒"（贪嗔痴）之中轮回不止，倘若真的"四大皆空"了，为何不去销户？为何还要看盘？

市场既不是极乐世界也不是阿鼻地狱，它是修罗战场！

因此，不如直接读可入世亦可出世的《道德经》来得实在，来得心安。

《道德经》博大精深，自古名师大德皆难言尽。若是专门谈《道德经》，我自知水平实在有限，终我一生也很难有此等修为，绝对不敢误人子弟。而如果只是借用《道德经》之皮毛，谈谈交易的道理，我想自己还是可以尽力为之的。毕竟我的初心是为了提高自我，因此也不怕献丑。

借《道德经》说交易绝对算是大材小用。我想，老子他老人家千算万算，也一定算不到两千多年后有人会借他的《道德经》聊一种俗称"交易"的金融投机行当。

但愿老子他老人家泉下有知，不会怪罪晚辈。

周乔桑
2022 年初夏

目 录

《道德经》第一章的启示   1

道可道，非常道。
可以用语言表达出来的道，就不是永恒不变的"道"。

《道德经》第二章的启示   4

天下皆知美之为美，斯恶已。
天下的人都知道美之所以为美，丑的观念也就出来了。

《道德经》第三章的启示   8

不见可欲，使民心不乱。
不显露引起贪欲的物事，方能使世人心思不被惑乱。

《道德经》第五章的启示（一）   12

天地不仁，以万物为刍狗。
天地没有偏爱，在其看来，万物如祭祀所用的草扎成的狗。

《道德经》第五章的启示（二）   14

多言数穷，不如守中。
话多有失，往往会使自己陷入困境，不如适可而止。

《道德经》第七章的启示   17

天地所以能长且久者，以其不自生，故能长生。
天地之所以能长久，是因为它不是为了自己而生存，所以才永远存在。

《道德经》第八章的启示　　19

水善利万物而不争，处众人之所恶，故几于道。

水善于滋养万物，而不与万物相争。它处身于众人所厌恶的地方，所以最接近"道"。

《道德经》第九章启示　　22

持而盈之，不如其已；揣而锐之，不可长保。

水满自溢，不如适可而止；显露锋芒，至刚易折，锐势难以保持长久。

《道德经》第十章的启示　　25

三十辐，共一毂，当其无，有车之用。

三十根辐条集中在车轮上，车轮有中空的地方，才对车有用处。

埏埴以为器，当其无，有器之用。

糅合黏土制成器皿，器皿有中空的地方，才有器皿的用处。

凿户牖以为室，当其无，有室之用。

开凿门窗建造房屋，有了门窗四壁中空的地方，才对房屋有用处。

故有之以为利，无之以为用。

"有"对人们的便利，其实是"无"在发挥作用啊。

《道德经》第十二章的启示　　28

五色令人目盲；五音令人耳聋；

过分追求缤纷的色彩使人眼睛昏花；过分追求变幻的音响使人耳朵发聋；

《道德经》第十三章的启示　　31

何谓宠辱若惊？

为什么说得宠和受辱都会内心惊恐不安呢？

宠为下，得之若惊，失之若惊，是谓宠辱若惊。

因为在世人心目中，一般都是宠上辱下，宠尊辱卑。得到光荣就觉得显尊，受到耻辱就觉得丢人。得之也惊，失之也惊。

《道德经》第十六章的启示　　　　　　　　　　　　　　34

万物并作，吾以观复。

那么万物的生长、活动，我们都不难看出他们从无到有，再由有到无，往复循环的规则。

夫物芸芸，各复归其根。

虽然万物复杂众多，到头来还是要各返根源。

《道德经》第二十章的启示　　　　　　　　　　　　　　36

俗人昭昭，我独昏昏。

世人都明明白白，唯独我昏昏沉沉。

俗人察察，我独闷闷。

世人都清清楚楚，唯独我迷迷糊糊。

《道德经》第二十一章的启示　　　　　　　　　　　　　38

少则得；

少取反而可以多得；

多则惑。

贪多反而变得迷惑。

《道德经》第二十四章的启示　　　　　　　　　　　　　41

企者不立；

凡踮起脚跟想要站得高，反而站立不稳；

跨者不行。

凡跨着大步想要走得快的，反而走不了多远。

《道德经》第二十六章的启示　　　　　　　　　　　　　44

重为轻根，静为躁君。

稳重为轻浮的根本，清静为躁动的主宰。

《道德经》第二十七章的启示　　　　　　　　　　　　　　**46**

善行无辙迹；

善于行走的人，行踪不留一点痕迹；

善言无瑕谪；

善于说话的人，言语滴水不漏；

善计不用筹策；

善于计算的人，不用借助计算的工具；

善闭无关楗而不可开；

善于关闭的，不用栓销便可使人打不开；

善结无绳约而不可解。

善于捆缚的，不用绳索便可使人解不开。

《道德经》第三十三章的启示　　　　　　　　　　　　　　**48**

知人者智，自知者明。

能了解别人的人，只能算聪明。能了解自己，才算是智慧。

胜人者有力，自胜者强。

能战胜别人的人是有力的，能战胜自己弱点的人才算是强者。

知足者富，强行者有志。

知道满足的人才是富有的人，坚持力行的人才算有志气。

《道德经》第三十六章的启示　　　　　　　　　　　　　　**50**

将欲歙之，必固张之；

想要收敛它，必先扩张它；

将欲弱之，必固强之；

想要削弱它，必先加强它；

将欲废之，必固兴之；

想要废去它，必先抬举它；

将欲夺之，必固与之。

想要夺取它，必先给予它。

《道德经》第四十三章的启示　　52

天下之至柔，驰骋天下之至坚。

天下最柔弱的东西，能驾驭天下最坚强的东西。

《道德经》第四十四章的启示　　55

是故甚爱必大费；多藏必厚亡。

过分爱慕虚荣，就必定要付出更多的代价；聚敛过多的财富，必定会招致更为惨重的损失。

故知足不辱，知止不殆，可以长久。

所以说，懂得满足，就不会受到屈辱；懂得适可而止，就不会遇见危险；这样才能享受长久的平安。

《道德经》第四十五章的启示　　58

大成若缺，其用不弊。

最完满的东西，好似有残缺一样，但它的作用永远不会衰竭。

大盈若冲，其用不穷。

最充盈的东西，好似是空虚一样，但是它的作用是不会穷尽的。

大直若屈，大巧若拙，大辩若讷。

最直的东西，好似有弯曲一样；最灵巧的东西，看起来好像很笨拙的样子；最卓越的辩才，看起来仿佛是口讷的样子。

《道德经》第四十八章的启示　　61

无为而无不为。

如果能够做到无为，即不妄为，任何事情都可以有所作为。

《道德经》第五十章的启示　　64

盖闻善摄生者，陆行不遇兕虎，入军不被甲兵；

据说，善于保护自己生命的人，在陆地上行走，不会遇到凶恶的野兽，在战争中也受不到武器的伤害。

兕无所投其角，虎无所措其爪，兵无所容其刃。

犀牛无法用角去伤害他，老虎对他也无处伸爪，武器在他身上也无处刺击。

夫何故？以其无死地。

为什么会这样呢？因为他不让自己陷入死亡的危境之中。

《道德经》第五十二章的启示　　　　　　　　　　　　　66

塞其兑，闭其门，终身不勤。

塞住欲念的孔穴，闭起欲念的门径，终身都不会有烦扰之事。

开其兑，济其事，终身不救。

如果打开欲念的孔穴，就会增添纷杂的事件，终身都不可救治。

《道德经》第五十三章的启示　　　　　　　　　　　　　69

使我介然有知，行于大道，唯施是畏。

假若我稍微有些认识，那么，行于大道时，必定小心谨慎，唯恐走入邪路。

大道甚夷，而人好径。

大道如此平稳，而人们却喜欢舍弃正路，去寻小径邪路前行。

《道德经》第五十八章的启示　　　　　　　　　　　　　72

祸兮，福之所倚；

灾祸啊，幸福就倚傍在它里面；

福兮，祸之所伏。

幸福啊，灾祸就暗藏在其中。

《道德经》第六十章的启示　　　　　　　　　　　　　　75

治大国，若烹小鲜。

治大国好像烹小鱼，不能常常翻动。

《道德经》第六十三章的启示　　　　　　　　　　　　　78

天下难事，必作于易，天下大事，必作于细。

凡是天下的难事，一定从容易的地方做起；凡是天下的大事，必定从小事做起。

《道德经》第六十四章的启示   81

合抱之木,生于毫末;

合抱的大树,生长于细小的根芽;

九层之台,起于累土;

九层的高台,筑起于每一堆泥土;

千里之行,始于足下。

千里的远行,是从脚下举步开始走出来的。

《道德经》第六十七章的启示   85

我有三宝,持而保之:

我有三种宝贝,是应当永远持有保持的:

一曰慈,二曰俭,三曰不敢为天下先。

第一是慈爱,第二是俭朴,第三就是不敢居于天下人的前面。

《道德经》第六十八章的启示   87

善为士者,不武;

善于带兵打仗的将帅,不崇尚勇武。

善战者,不怒;

善于打仗作战的人,不会轻易被激怒。

善胜敌者,不与;

善于胜敌的人,不与敌人正面冲突。

《道德经》第六十九章的启示   89

用兵有言:"吾不敢为主,而为客;不敢进寸,而退尺。"

用兵的人曾经这样说:"我不敢主动进犯,而采取守势;不敢前进一步,而宁可后退一尺。"

《道德经》第七十章的启示   92

吾言甚易知,甚易行。

我的话很容易明白,很容易实行。

天下莫能知，莫能行。

可是天下人却不能明白，也不肯照着去做。

《道德经》第七十一章的启示　　　　　　　　　　　　　　95

知不知，上；

知道自己还有所不知道，这是很高明的。

不知知，病。

不知道却自以为知道，这就是很糟糕的。

《道德经》第七十三章的启示　　　　　　　　　　　　　　99

勇于敢则杀，勇于不敢则活。

勇于表现刚强的人，必不得善终；勇于表现柔弱的人，则能保全其身。

此两者，或利或害。

这两者虽同样是"勇"，但勇于刚强则得害，勇于柔弱则受利。

《道德经》第七十六章的启示　　　　　　　　　　　　　　101

人之生也柔弱，其死也坚强。

当人活着的时候，他的身体十分柔软灵活，可是他死后身体就会变得枯槁僵硬。

万物草木之生也柔脆，其死也枯槁。

万物草木生长的时候形质是柔软脆弱的，死了之后就变得干枯残败了。

故坚强者死之徒，柔弱者生之徒。

所以坚强的东西属于死亡的一类，柔弱的东西属于生长的一类。

《道德经》第七十七章的启示　　　　　　　　　　　　　　104

天之道，损有余而补不足。

自然的规律是减少有余的和补给不足的。

人之道，则不然，损不足以奉有余。

可是社会的法则却不是这样，要剥夺不足的用来奉养有余的。

《道德经》第七十八章的启示　　106

天下莫柔弱于水，而攻坚强者莫之能胜，以其无以易之。

天下最柔软的莫过于水了，但攻坚克强却没有什么东西能胜过水的，因而水是没有事物可以代替得了的。

弱之胜强，柔之胜刚，天下莫不知，莫能行。

弱小的能战胜强大的，柔软的可以战胜刚强的，天下没有人不知道这个道理，但就是没有人能这样做。

《道德经》第八十一章的启示　　108

信言不美，美言不信。

真实的话不一定漂亮，漂亮的话不一定真实。

善者不辩，辩者不善。

行为善良的人不一定善于争辩，爱争辩的人不一定善良。

知者不博，博者不知。

有智慧的人不一定知识广博，知识广博的人不一定有智慧。

附：《道德经》原文及译文　　111

《道德经》第一章的启示

道可道,非常道。

可以用语言表达出来的道,就不是永恒不变的"道"。

《道德经》开篇"道可道，非常道"可谓是千古名句，不少三岁小儿都会背。老子在《道德经》中想表达的"道"不是一个具体的东西，也不是一个具体的概念；是抽象的，但却又确实存在。

第一次听说的人一定有点摸不着头脑，如果非要用今天的一个概念来比喻老子形容的"道"，倒是有点像看不见摸不着，但理论上存在的"暗物质"。暗物质是理论上提出的可能存在于宇宙中的一种不可见的物质，它可能是宇宙物质的主要组成部分，但又不属于构成可见天体的任何一种已知的物质。

"道可道，非常道"主要说的意思是："道"是无法用语言表达出来的——有点禅宗所说的"落笔即乖，开口便错"的意思。但是，老子依然在《道德经》中不断描述他所谓"道"的含义。

为什么一边又说不能用语言表达"道"，一边还要不断描述"道"的含义呢？

其实，也不是老子他老人家想用这样矛盾的方法去表达，而是人类的沟通方式目前也仅有语言和文字，条件所限，没有办法。

我们人类如果像刘慈欣先生的科幻小说《三体》中的"三体人"一样通过脑电波传输沟通，那这个世界人与人之间的交流就变得单纯、直接了，也没有什么秘密可言了。"道"是什么也就能瞬间从老子他老人家的大脑中传给其他人了，准确地流传千古了。

对"道"的解读，古今无数博学之士皆有差异，未能达成标准统一的认知。

幸运的是，我们在这里不用深究玄之又玄的"道"，所谈的"道"仅仅是"交易之道"，可以理解为是老子的"道"衍生出的一个小分支，相对没有这么抽象与复杂。

交易也有"道"？

当然，万事万物皆有"道"，交易自然也有"道"。

交易的"道"是什么道？

交易的"道"更像是《庄子》中说的"盗亦有道"。盗亦有道，出自《庄子·外篇·胠箧第十》。意思是指小偷也有偷盗的"道义"，即使是当贼的，也有他们的所谓"行为规范"。

《道德经》第一章的启示

  虽然从某种角度看来，盗贼和交易者其实是有某些共同点的，干的都是从他人荷包往自己荷包里掏钱的"技术活"，但前者违法，后者合法。

  世间有些事情是说不清楚的。

  我们昨天赚的横财，可能是某个交易者毕生的积蓄；我们今天亏的血汗钱，可能正在被某个人肆意挥霍！

  话说回来，只要是一个成熟的行当，想在这个行当生存，必然要遵循这个行当的"道"，否则一定不会有什么好下场。

  而我们之后要说的内容，就是借《道德经》中的启迪展开的"交易之道"的话题。

  毕竟，交易的"道"是"可道"的，并不是"非常道"。

《道德经》第二章的启示

天下皆知美之为美，斯恶已。

天下的人都知道美之所以为美，丑的观念也就出来了。

这世界上有所谓"美"吗？

根本不存在。美和丑完全出自我们的主观判别。

现在的中国的女性受白人的影响，都流行以双眼皮、高鼻梁、尖下巴、白皮肤为美。所以，很多女性去整容医院都按照这个标准整，整出来大家都长得差不多，像是同一个流水生产线出来的"产品"。

当然，我们的审美标准是一直在变化的。

比如大家都知道，唐朝女性以胖为美，减肥什么的在当时应该是根本不存在的；另外，从北宋到解放前，无数女性被"缠足"的陋习所残害，就因为当时以女性的"三寸金莲"为美。那双脚扭曲变形，根本无法直视，实在看不出美在哪里。

与中国以女性"弱小"为美相反，据传在19世纪的波斯，流行以体格强壮和体毛浓密（甚至有胡子）的女子为美，用现代人的眼光看来也是匪夷所思。

除了过去，现代亚洲人审美与欧美人也不同。欧美白人普遍喜欢古铜色的皮肤，没事就趴在沙滩上晒太阳，在我们看来简直是身在福中不知福，暴殄天物！而且他们偏爱丰满的女性，不知道他们这点是不是和我们唐朝时候的审美差不多。

总之，不同时代、不同地方、不同文化的人，审美都有可能不一样。美从来是没有标准的，一个在我们这里感觉丑得不行的人，去到另外一个地方，说不定当地人会觉得她美若天仙。

老子在本章中说，一旦人有了一个"美"的标准产生，那么对应的"丑"的那个标准也就跟着自然产生了。接下来也主要说的是一个万事万物相对互存的道理。

说到交易上来，本身市场走势是没有美丑可言的。但是，一旦我们有资金下单，做多的人就认为市场上涨是"美"的，而下跌是"丑"的。相反，做空的人就认为市场下跌是"美"的，上涨是"丑"的。

我们作为交易者，能杜绝这种心理吗？也就是佛家所说做到"无分别心"吗？

除非我们在场外观望，否则很难杜绝。当然，作为凡人，我们也不用强迫自己去达到"无分别心"的境界。

我们一旦身在市场之中交易，就几乎无法去客观地面对市场的走势了。因为市场走势与我们的资金盈亏息息相关。前面说了，每一个交易者都是来市场赚钱的，只要没有自虐心理，市场的"美"就是朝我们账户下单的那个方向走。

而一旦这个"美"的标准产生，那么老子告诉我们，对应的"丑"的标准就跟着产生了——市场朝我们账户下单的相反方向走。

在现实中，我们很难把主观审美放到一边去做事，就像我们看到一个自己实在"欣赏"不了（丑）的人的时候，很难对其外貌产生好感。那么，应该怎么办？

不用勉强，我们另外找好看的！

把这个道理放到交易中，其实很简单：做多的时候，我们找"好看"的上升趋势做；做空的时候，我们找"好看"的下降趋势做。

但这个道理也只是说起来简单，因为贪婪，现实中往往交易者做多的时候，喜欢在一个标的处于下跌趋势的时候买入，以为可以"捡便宜"，以为可以抄底，却总是抄在了半山腰上；而做空则反之。

这就好像一个娱乐圈投资人，明明看到一个符合审美标准的明星，却不敢投资，因为身价有点贵；贪便宜找一个不符合审美标准的路人投资，幻想他有一天能"山鸡变凤凰"，成为万众瞩目的"大红人"，还美其名曰"价值低估"，甚至还要学巴菲特去做"价值投资"。这做的是哪门子交易？难道是要把钱投资给路人去做整容吗？整容失败了是不是就算是"踩雷"了？

所以很多时候，明明有"美"的交易我们不做，偏偏选择"丑"的，结果交易做不好，还怪"丑"的为什么不能变"美"。

大家要知道，不是每一笔交易都是"灰姑娘"，更多的是"大灰狼"！

另外，说到美丑，就顺便提一下"凯恩斯选美理论"。

"选美理论"是凯恩斯（JOHN MAYNARD KEYNES）在研究不确定性时提出的。他总结自己在金融市场投资的诀窍时，以形象化的语言描述了他的投资理论，那就是金融投资如同选美。在有众多美女参加的选美比赛中，如果猜中了谁能够得冠军，你就可以得到大奖。你应该怎么猜？

凯恩斯先生告诉你，别猜你认为最漂亮的美女能够拿冠军，而应该猜大家会选哪个美女做冠军。即便你认为那个女孩相貌平平，只要大家都投她的票，你就应该选她而不能选那个长得像你梦中情人的美女。这诀窍就是要猜准大家的审美倾向和投票行为。

回到金融市场投资问题上。不论是炒股票、炒期货，还是买基金、买债券，不要去买自己认为能够赚钱的金融品种，而是要买大家普遍认为能够赚钱的品种，哪怕那个品种根本不值钱。这道理同猜中选美冠军就能够得奖是一模一样的。

把凯恩斯的"选美理论"应用于股票市场，那么投机行为就是建立在对大众心理的猜测上。打个比方，你不知道某只股票的真实价值，但为什么你花二十块钱一股去买呢？因为你预期有人会花更高的价钱从你那儿把它买走。

马尔基尔（BURTON G.MALKIEL）把凯恩斯的这一看法归纳为"最大笨蛋"理论：你之所以完全不管某个东西的真实价值，即使它一文不值，你也愿意花高价买下，是因为你预期有一个更大的"笨蛋"，会花更高的价格从你那儿把它买走。投机行为的关键是判断有无比自己更大的"笨蛋"，只要自己不是最大的"笨蛋"，就是赢多赢少的问题。如果再也找不到愿出更高价格的人把它从你那儿买走，那你就是最大的"笨蛋"。

《道德经》第三章的启示

不见可欲，使民心不乱。

不显露引起贪欲的物事，方能使世人心思不被惑乱。

很多交易者本来此生从未想过要做交易，但机缘巧合下，看到或者听说周围有人通过交易赚了钱，甚至发了财，于是，按捺不住心中的"羡慕嫉妒恨"，也把积蓄投入市场，最后多数结局不甚悲凉。

交易这行是多么诱人啊！

只需要一部手机或者一台联网的电脑就能在任何地方做交易，不需要穿着拘束的工作装，不需要忍受上下班的拥堵，不需要戴着"面具"出去应酬，也不需要看别人脸色行事，更不需要自己多有"身份"——只要有身份证即可开户。在家穿着睡衣吃着早餐也能看行情，每天优哉游哉赚些钱，比上班挣得多，周末节假日还一天不少，生活美滋滋。

正是因为交易这个行业表面上的舒适感，很大程度地满足了我们对"不劳而获"生活的憧憬，以及人类"好逸恶劳"的本能。让无数平头老百姓纷纷加入交易者的大军中，甚至有的不惜放弃了原有的还不错的工作。

世界上哪有这么好的事情？

没有门槛才是最高的门槛。

市场专治不服，专治各种自以为是的人。它好像一朵美丽的食人花，用绚丽的颜色和诱人的气味引诱那些贪婪的人靠近。当人们跌入它的口中之后，它便开始释放麻痹神经的液体，让人们沉溺其中——亏钱不觉痛苦，反觉刺激，越亏越多，最后被食人花消化得连裤衩都不剩的时候，悔之晚矣。

老子这一章强调的是"低欲"二字。

面对低欲的交易者，市场这朵食人花是很难占他们便宜的。因为毕竟食人花再厉害也只是花，最大的本事是引诱和麻痹猎物。而"低欲"是什么？它更像一种已经提前完成自我麻痹的状态。所以，食人花面对一个已经处于自我麻痹状态下的人，如何引诱麻痹呢？无论食人花如何诱惑，他都不太配合，他都我行我素。

这大概就是古人所说的"以毒攻毒"吧。

很多成功的交易者，其实也都是低欲交易者。贪婪的交易者恰恰是新手。

新手进入市场，就一心要赚钱，上到几个亿下到生活够自理，心目中的目标各自不同，看似不贪婪的目标也是贪婪。

为什么这样说？

入市十几二十年的优秀老交易者，绝大多数有一个共识：倘若你问他们今年的目标是多少，他一定说是尽量保本。这不是谦虚，而是实话。

因为，在市场中打拼，保本永远是第一位的。不要小看保本，能常年保持盈亏相抵，就已经能战胜市场中六七成的交易者了，若想在此基础上再上一层楼，除了个人技术以外，还要看行情是否配合，这也是人力无法左右的。

总之，在市场中长生的秘诀就是：在能保住命的基础上，以小风险的代价尝试盈利的机会。市场若能幸运地出现一波像样的趋势，那么这笔交易就能以小搏大，收获利润。若是运气比较背，也不至于伤筋动骨。

"低欲"可以说是成功交易者最良好的一种心态。

这样的心态使交易者能耐心等待交易机会，入场后仓位也不会盲目过重，在交易不顺的时候能及时止损，把损失扼杀在萌芽状态。交易顺利的时候也能按计划持有，不急于落袋为安，错过后面的趋势行情。

而贪婪的交易者恰恰相反，他们没有耐心去等待合适的交易机会，无计划地频繁买卖，习惯于重仓甚至满仓交易。由于下注过大，止损的时候往往又感心痛，下不了手，无法执行止损，最后要到亏损实在扛不住了才"割肉离场"。一次亏损的钱经常用很多次盈利都无法抵消。而盈利时，有的心理素质不好的交易者还会担惊受怕，一个小小的回撤就吓得他赶紧出场，一段好好的趋势行情提前就"下车"，让自己陷入总亏大钱赚小钱的循环中。若是那些亏损后急于翻本的交易者，出手会更频繁，仓位会更重，一旦翻本失败，信心就完全崩塌，最后使资金和心态都陷入无法翻身的境地。

以此大家可以看到，"低欲"不仅仅是老子说的人生智慧和治国智慧，也是交易的智慧。

据记载，庄子所在的年代，诸侯争霸，各诸侯王求贤若渴，庄子这样贤能的人，"酒香不怕巷子深"，他再低调，也还是被"发现"了。楚威王为了招揽庄子，让其为己所用，便派使者带上千金前去邀请，结果庄子面对功名利禄不为所动，他说：

"千金，重利；卿相，尊位也。子独不见郊祭之牺牲乎？养之数岁，衣以彩绣，以入太庙。当是时，虽欲为孤豚，岂可得乎？子亟去，无污我。我宁曳尾于污渠之中而自快，不为有国者所羁，终身不仕，以快吾志焉。"

译文：千金，确是厚礼；卿相，确是尊贵的高位。您难道没见过祭祀天地用的牛吗？喂养它好几年，给它披上带有花纹的绸缎，把它牵进太庙去当祭品，在这个时候，它即使想做一头孤独的小猪，难道能办得到吗？您赶快离去，不要玷污了我。我宁愿在小水沟里身心愉快地游戏，也不愿被国君所束缚。我终身不做官，让自己的心志愉快。

要知道，庄子的生活过得清汤寡水一般，但是千金、卿相对他来说，却让他宁愿待在"污渠之中自快"，也不愿受命于诸侯国去掺和纷乱的争斗。

所谓"知足者常乐"便是如此。在个人交易中，心态因素是非常重要的，若是欲望过大，总是亏钱不服气，赚钱不嫌多，那就早晚沦为市场的赌徒。如此一来，人生再也不会有什么真正的快乐可言了。

《道德经》第五章的启示（一）

天地不仁，以万物为刍狗。

天地没有偏爱，在其看来，万物如祭祀所用的草扎成的狗。

倘若大家是第一次看到这句两千多年前的"毒鸡汤",是不是有些意外?

我们经常听到一些"大地如父""大海如母"等莫名其妙的幼稚臆想。其实在智者的眼中,天地对万物众生一视同仁,毫无什么特殊的情感可言。

想当年,恐龙这一物种统治了地球一亿六千万年,突然说没就没了。天地不会因为恐龙的兴盛繁多而对它们格外关爱。天地本就是无情的,对它来说,万物皆是如刍狗一样的"祭品",当然,也包括我们人类。

可能只有天生想象力丰富,但又摆脱不了脆弱且自恋的人类,才会把天地一厢情愿地臆想成会对自己格外关照的"家长"。

把老子的"天地不仁,以万物为刍狗"用到交易中来,完全可以说成"市场不仁,以交易者为刍狗"。

很多交易者做交易,对市场总是抱有一些不切实际的幻想,幻想市场会让处于不断亏损状态下的他有一天能解套,甚至能发财。看着自己账户中日渐减少的金额,嘴里却哼着《我的未来不是梦》。

其实,这都是以自我为中心的矫情!亏损被套为什么不从自己身上找原因?

要知道,市场和天地一样是不仁的,它不会对某个交易者格外照顾,不会对某个交易者特别偏爱。每一个交易者在市场中都是"刍狗"。

所以,交易者把命运交给市场是靠不住的,不如握在自己手上——在亏损还在可控范围内的时候,我们就要准备采取措施。正如华尔街那句谚语"截断亏损,让利润奔跑",若总是抱有侥幸的期盼,一次两次可能并不会发生要命的亏损,但夜路走多了总会遇到鬼,到时候千万别怪市场坑自己,市场不偏爱谁,自然也不会"偏害"谁,亏损被套回头看,往往都自找的。

我们做交易,身在茫茫人海的市场中,似乎显得弱小,一旦发生亏损,很容易陷入怨天尤人的心境。但其实我们本身可以"强大"——对自己的"强大"!

《道德经》第五章的启示（二）

多言数穷，不如守中。

　　话多有失，往往会使自己陷入困境，不如适可而止。

《道德经》第五章的启示（二）

在美国传奇股票大作手杰西·利弗莫尔所著的《股票大作手操盘术》中有这么一段描述：

> 很多年以来，当我出席晚宴的时候，只要有陌生人在场，则几乎总有陌生人走过来坐到我身边，稍作寒暄便言归正传："我怎样才能从市场挣些钱？"
>
> 当我还年轻的时候，会不厌其烦地设法解释：盼着从市场上既快又容易地挣钱是不切实际的，你会碰上如此这般的麻烦；或者想尽办法找个礼貌的借口，从困境中脱身。最近这些年，我的回答只剩下生硬的一句："不知道。"

的确，市场中哪有什么一定赚钱的方法。当然，如果非要说出一个一定赚钱的方法，其实也简单，只需"准确预知未来的行情"即可。毕竟，在市场中有句名言："能预测三天行情，就可以富可敌国。"

其实不用三天，在国际市场杠杆加到最大，一分钟进出几笔，每笔都满仓交易，哪怕初始资金很小，一天下来便有可能富可敌国。

目前看来，世界上还没有发现谁拥有这项能在市场中一定赚钱的"特异功能"，证据就是市场还没有关门大吉。倒是"装神弄鬼"的比比皆是，被市场这面"照妖镜"一照就现了原形。

话说回来，市场为什么不可以预测？因为，全知全能的是"神"，不是人。我们每一个人认知这个世界都只能是片面的，无法拥有全面的"上帝视角"。而"片面"就一定会导致偏见，偏见又会产生分歧。

市场就是人，人就是市场，交易终究是人的游戏。这个世界有一天哪怕只剩下两个人了，也一定会有分歧，一定会发生非理性的行为。非理性的行为无法预知，市场便无法预知。因为市场并非一个完全理性的存在。

所以，交易者在市场交易如"盲人摸象"，哪怕我们假设市场中每一个交易者都是冷静的，不会头脑一热就下单，但同一个标的都有可能获取多个方面的解读，公说公有理婆说婆有理。若是只看某一个观点，我们的思路还能保持清晰，但把所有观点组合到一起，就仿佛身临菜市场，吵得脑子嗡嗡响。

因此，可以这样说，面对未知的市场，我们提前预测的所有言语都是"废话"，都是有一定概率发生和不发生的。

所以，两千多年前，老子就从做人治国的角度，奉劝大家要"少言"。因为面对未知，言多必失，这是古人的智慧，用在交易中也是一样的道理。然而，在市场中面对普遍焦虑的交易者，反而衍生出了一种"言多"的职业，俗称"股评师"。

股评师每天在电视、电台或者网络上不断言说着市场的行情，滔滔不绝地分析和预测。

当然，分析和预测得越多，错误也就越多。某些股评师对于之前的分析和预测，对了吹牛皮，错了装失忆，乐此不疲。听信这样的"股评师"，交易者的命运就与"韭菜"无异了。

《道德经》第七章的启示

天地所以能长且久者,以其不自生,故能长生。

　　天地之所以能长久,是因为它不是为了自己而生存,所以才永远存在。

大家都知道，市场从来不缺乏"明星"，而缺乏"寿星"。

往昔暴富今朝"暴毙"的交易者比比皆是；在市场中能长久生存的，却少之又少。可以说，活得长久是做交易的终极目标。

那么，如何才能在市场活得长久呢？

老子说，天地之所以能长生，正是因为它不是为了自己而生存。作为交易者，我们该如何理解其中的智慧呢？难道让交易者效仿天地，不为自己而生存？这表面听上去似乎有违交易的生存规则。俗话说"人不为己天诛地灭"，但关键是我们要如何理解什么是"为了自己"。

在交易中，交易者为了自己的冲动，常常盲目下单；交易者为了自己的贪婪，常常不控仓位；交易者为了自己的侥幸，常常大损不止；交易者为了自己的恐惧，常常小赚即逃，等等。

除了交易，我们在生活中也一样。

我们为了能过个嘴瘾，常常让刺激的食物与自己的胃一决高下；我们为了能过个烟瘾，常常把自己的肺当成腊肉熏；我们为了能过个酒瘾，常常使自己的肝脏超负荷运转；我们为了能过个网瘾，常常熬夜透支自己的体力，等等。

可见，无论是在交易中还是在生活中，人们往往是为了自己短暂的舒适，而让自己陷入长久的危害之中。扪心自问，我们所谓的"为了自己"，更多的时候究竟是为了自己能释放情绪和一时的私欲，还是长远地为自己好？

所以，至少对于我们做交易的人，要想成为市场上的"寿星"，从老子这句"天地之所以能长且久者，以其不自生，故能长生"中，可以得到这样的启迪：优秀的交易者之所以能长久地在市场中生存，正是因为他不会为了自己的情绪和一时的私欲而交易，所以他才永远存在。

《道德经》第八章的启示

水善利万物而不争,处众人之所恶,故几于道。

水善于滋养万物,而不与万物相争。它处身于众人所厌恶的地方,所以最接近"道"。

这章主题是"上善若水",也是我们耳熟能详的一个成语。

其中,老子把"道"比喻成水,提到水的其中两个特征——"不争"与"处众人之所恶"。这两个词同样可以用来诠释我们的交易之道。

所谓"不争",从外在行为来说,我们可以理解为不要和当前的大趋势去抗争。比如,大趋势明明在下跌,有人非要贪心搏个什么反弹,在大概率下跌中找小概率的上涨的机会,这种行为就会显得自己不是很聪明的样子。

从内在行为来说,可以理解为不要和自己较劲。很多交易者做交易老爱和自己较劲,明明知道有时候自己这样做不对,但劲头上来非要体验"与己斗其乐无穷"。比如,明明知道亏损加仓不对,但就不信那个邪,非要试一把手气。于是,一路亏损一路加仓,直到没有钱再加了,只能死扛。做交易,靠"死扛"二字是不可能长久的,这次运气好靠"死扛"起死回生了,那下次呢?下下次呢?只要一把运气不好,把"扛"字亏掉,那就只剩"死"了。

所谓"处众人之所恶",翻译过来的意思是处身于众人所厌恶的地方。

在交易中,我们千万不要理解成在股市中去找价格低的股票或者正在下跌的"垃圾股"去买,以为这种股票是大家都厌恶的。这样的股票一点也不"处众人之所恶"。

人性使然,"贪小便宜"的心理向来极具魔力,散户们恰恰最爱的就是这样的股票,纷纷抄底买入。但往往这样的股票价格会从"小便宜"跌成了"大便宜",又从"大便宜"跌成了"巨便宜",运气再背一点,还会从"巨便宜"跌成"清仓处理",最后这只股票可能就退市了。

"处众人之所恶"在交易中应该理解成"反人性而行之",这话怎么说?

散户喜欢"贪小便宜",喜低恐高;而成熟的交易者却喜欢追随不断上涨的优质股票。

散户喜欢紧紧握住亏损的股票,而把赚钱的股票尽快兑现,不愿直面错误的交易,对盈利目光短浅;而成熟的交易者却会把亏损的股票尽快抛出,留下业绩好的股票为自己"打工"。

散户被套后喜欢用倔强(无论如何不卖)掩饰自己内心的焦虑,误以为这就是坚持做自己;而成熟的交易者却懂得真正的坚持做自己便是严格执行自己的交易纪律。

俗话说得好，"真正的交易高手，都是反人性的"。但人性对我们来说根深蒂固，走出人性的"舒适圈"何其容易？作为一个正常人，以反人性的思维方式和行为模式去做交易，起初一定感觉是别扭的，一定感觉是煎熬的，一定感觉是"处众人之所恶"的。

《道德经》第九章启示

持而盈之，不如其已；揣而锐之，不可长保。

水满自溢，不如适可而止；显露锋芒，至刚易折，锐势难以保持长久。

自古人生多忌满，半贫半富半自安。

几乎所有中国人都知道"适可而止"是一种人生智慧。但在实际生活中，"适可"是多少？真正能做到"适可而止"的人又有多少？

市场是人类贪婪与恐惧的温床，市场可不懂得什么叫"适可而止"。牛市涨上天，天上还有各路"仙"；熊市跌入地，地下还有"十八层地狱"。

我们做交易的，天天和市场这个"魔鬼"打交道，很难不受其影响，丧失心智。

"适可而止"在很多交易者眼里是不存在的。赚无止境，亏也无止境，一旦开始交易，自己就犹如一头愤怒的"西班牙公牛"，被市场这名"斗牛士"来回挑逗，红着眼一路奔波蛮撞，趁机被"斗牛士"用手中的剑一把插入身体，最终倒在"斗牛场"中。

为何"公牛"看上去这么愚蠢？

因为"斗牛士"手中总抖动着一块（象征"大涨"的）红布，不断勾引着（每一个交易者内心的）"公牛"。

作为一个普通交易者，要如何才能摆脱市场的勾引呢？

王小波先生在他的《黄金时代》中有这么一段描述：

……我爬起来看牛，发现它们都卧在远处的河汊里静静地嚼草。那时节万籁无声，田野上刮着白色的风。河岸上有几对寨子里的牛在斗架，斗得眼珠通红，口角流涎。这种牛阴囊紧缩，阳具挺直。我们的牛不干这种事。任凭别人上门挑衅，我们的牛依旧安卧不动。为了防止斗架伤身，影响春耕，我们把它们都阉了。

是的，说起来不好听，也不想承认，但又不得不承认，每一个成熟优秀的交易者，都是一头被阉割了的公牛。

此话怎讲？

最初刚进入市场的时候，每一个交易者都意气风发，好似一头好斗的公牛，带着"天生我材必有用"的雄心壮志，准备在市场上，大干一番，赚他个盆满钵满。

但正如老子所说——"揣而锐之，不可长保"。显露锋芒，至刚易折，这样的"年轻"交易者往往在市场中稍微待久点，便会受到市场"鞭策"。轻则鼻青脸肿，重则伤筋动骨，实在过于顽强的，可能就"一命呜呼"了。

之后，有一部分交易者被市场教育"乖"了，懂得了敬畏市场，便开始迈入了成为优秀交易者的门槛。

从争强斗勇到从容淡定，是一个交易者从幼稚到成熟的转变。也是我们心中的"公牛"被市场"阉割"的过程。

而这个转变的核心思想就是"持而盈之，不如其已"，即懂得适可而止。

回到开篇的那个话题：交易中的"适可"究竟是多少？

在交易中，没有人能给出科学的定量，因为市场本身就不是什么理性的产物。"适可"在成熟的交易者那里也根本不会是一个量词的代表，而是自己交易规则的别称。交易规则让他用多少仓位就用多少仓位，在哪里进场就在哪里进场，在哪里出场就在哪里出场，止盈随缘，止损亦随缘。缘生缘又灭之时，便为"适可而止"。

成熟的交易者用交易规则这把"钝刀"，"阉割"了自己内心那头疯狂的"公牛"，让它不受贪婪与恐惧的影响而四处狂奔。也许在一个新手看来，这方法实在愚蠢，笑而不理。但与市场"肉搏"多年以后，回头再看，何为大智？

大智若愚！

《道德经》第十章的启示

三十辐,共一毂,当其无,有车之用。

  三十根辐条集中在车轮上,车轮有中空的地方,才对车有用处。

埏埴以为器,当其无,有器之用。

  糅合黏土制成器皿,器皿有中空的地方,才有器皿的用处。

凿户牖以为室,当其无,有室之用。

  开凿门窗建造房屋,有了门窗四壁中空的地方,才对房屋有用处。

故有之以为利,无之以为用。

  "有"对人们的便利,其实是"无"在发挥作用啊。

据科学家推测，物质世界仅仅占整个宇宙的大约4%。另外96%都是无形的，称为暗物质和暗能量。其中暗物质占23%，暗能量占73%。

也就是说，我们生存的整个世界，96%无形无相的存在，它们与一切物质息息相关，彼此交织、融合、同在，但我们通过肉眼完全看不到，也完全感受不到。

这个理解起来有点抽象，因为我们的生存状态就像深海中的鱼，一生都在海里，因为没有离开过海水，所以难以想象自己其实身处在一种叫"水"的"无"（无色无相）之中。

这章老子用车轮、器皿、房屋举例，阐述这个世界很多东西看似是"有"的功劳，其实是"无"在发挥作用。

如果老子活到今天，听到科学家的上述推测，一定不会感到意外，因为他也早早领悟了类似的道理。

世间的很多规律，都是可以互通的。做交易也是一样。

不懂交易的人，或者是刚刚开始做交易的人，受到影视作品的影响，总觉得交易应该是在电脑面前不断来回操作才能赚钱，好像谁的键盘鼠标敲得越快，赚钱的能力就越强，一天盯着无数个屏幕忙忙碌碌交易的那种人一定是高手（其实这种人更大可能是交易所的工作人员）。如此说来，巴菲特可能是世界上手速最快和办公室屏幕最多的人之一。但众所周知，巴菲特本人的办公室只有一部电话，他连电脑都不会用。

不懂交易的人总是误认为交易赚钱靠的是"有"——人为地不断买卖，而忽略了"无"的重要。

交易的"无"是什么？

很简单，相对于"有"，就是不操作。

美国传奇股票大作手杰西·利弗莫尔说过这么一些话：

"钱是坐着等来的。"

"市场每年的交易机会是极为有限的。"

"优秀的投资者总是在等待，总是有耐心，等待着市场证实他们的判断。要记住，在市场本身的表现证实你的看法之前，不要完全相信你的判断。"

"记住这一点：在你什么都不做的时候，那些觉得自己每天都必须买进卖出的投资者们正在为你的下一次投资打基础，你会从他们的错误中找到盈利的机会。"

"不管是在什么时候，我都有耐心等待市场到达我称为"关键点"的那个位置，只有到了这个时候，我才开始进场交易，在我的操作中，只要我是这样的，总能赚到钱。因为我是在一个趋势刚开始的心理时刻开始交易的，我不用担心亏钱，原因很简单，我恰好是在我个人的原则告诉我立刻采取行动的时候果断进场开始跟进的，因此，我要做的就是，坐着不动，静观市场按照它的行情发展。我知道，如果我这样做了，市场本身的表现会在恰当的时机给我发出让我获利平仓的信号。"

大家能理解吗？

在一个成熟的交易者看来，耐心空仓观望比在市场胡乱操作要重要得多；而入场后耐心持有，也比频繁进出要重要得多。

无论是耐心空仓观望还是入场后耐心持有，这些"坐着不动"的行为，正是交易的"无"！看似平凡无奇，但若身在其中，便深知其难，少有人能悟此大智。可以这样说：一个人交易的火候比的不是"有"，而是"无"。比的不是谁能"其疾如风，侵掠如火"，而更多比的是谁能"其徐如林，不动如山"！

《道德经》第十二章的启示

五色令人目盲；五音令人耳聋；

过分追求缤纷的色彩使人眼睛昏花；过分追求变幻的音响使人耳朵发聋；

毫不夸张地说，多数散户做交易的依据，主要靠的就是四处"打听"消息。

如今不是古代社会，"打听"不再限于奔走人脉，我们要"打听"点什么事情，通过互联网已经非常方便了，甚至方便得有点过了。也因此"打听"本身从一种主动的行为逐渐转变成一种被动的行为。比如，我们当下打开手机，想知道和不想知道的交易消息都会喷涌而出。特别是进入"大数据时代"后，当你在手机上打开新闻，它便会主动推荐与你平时喜好相关的消息，都不需要自己寻觅。

当这么多的消息纷纷向我们扑面而来的时候，真的对我们有好处吗？我们应该意识到，今天的我们每天真真实实地活在老子所说的"五色令人目盲，五音令人耳聋"的时代。

我们做交易，且不说所得消息的真假，也不完全否定消息对市场的影响。但是，大家要知道，消息对市场价格的波动只是其中的一个因素，时而有效时而失灵。市场的价格并非我们能够打听到的消息所决定的。如果市场走势完全是消息的反应，那么这个世界上最好的交易者大概是侦探，因为他们能从市场的各种消息中抽丝剥茧，找出线索，最后判断出市场未来的价格。

其实，这并非玩笑，无数交易者都在充当市场"侦探"的角色，妄想以一种极为理智的推理思维方式去预判市场。

其实，市场是由各种随机事件以及交易者的理智或非理智行为拼凑出来的，犹如弗兰肯斯坦制造的"科学怪人"。我们用所谓的侦探式推理去预判一个"怪物"的行为，明显是不合适的。

其实，大多数散户总是去想方设法地获取与交易有关的各种消息，以至于最后把自己弄得头晕目眩，完全是因为他们在市场中缺乏安全感导致的。当然，人类本身就是天生缺乏安全感的物种，身处市场这种危险的地方，更是要命。

我们完全可以理解一个人濒临危险焦虑，手就会乱抓，把任何貌似能让他赚钱的交易方法都当成救命稻草。当然，散户们抓的不仅仅是"打听消息"这根稻草，"打听消息"只是其中获取方式最简单的一根稻草而已。比如还有不少人去抓"交易技术"的稻草，一抓一大把，以至于有的人声称他学会了一百多种交易技术，依然赚不到钱，等等。

我们在市场中，手中拿着再多的稻草都是没有用的，因为稻草终究是稻草，最多可以用来编双草鞋。想要提升安全感，我们手中要有一把剑，不一定是一把锋利无比的剑，但是要我们安心的剑。这把剑，就是我们自己的一套交易系统。市面上交易系统多不胜数，我们只需要找到一把合手的，严格按照它的规则执行即可。

交易系统的最大作用不在于能让我们能快速致富。它能让我们在人人自危的市场中内心多一份宁静，不再胡乱地四处找寻"消息"或者"技术"，或者其他那些自认为能帮助我们在市场中简简单单赚钱的乌七八糟的东西。

不要小看内心的这份宁静。"五色令人目盲，五音令人耳聋"。我们若想成为一个优秀的交易者，起码内心深处要有一个地方能绝缘外界的一切的颜色和声音。因为这份内心的宁静是我们独立思考的前提，而独立思考又是一个优秀的交易者必须具备的重要素质之一。

只有能独立思考的交易者才有资格、有可能在市场的大浪淘沙中分得一杯羹，以维系生存。

《道德经》第十三章的启示

何谓宠辱若惊?

为什么说得宠和受辱都会内心惊恐不安呢?

宠为下,得之若惊,失之若惊,是谓宠辱若惊。

因为在世人心目中,一般都是宠上辱下,宠尊辱卑。得到光荣就觉得显尊,受到耻辱就觉得丢人。得之也惊,失之也惊。

老子说的"宠辱若惊"这个词若换成交易中的词汇，大概是"盈亏若惊"，意思是在交易中赚了钱、亏了钱都惊恐不安。

亏钱惊恐不安很好理解，但赚钱惊恐不安当然不是每一个人都有的，更多的人赚钱后会兴奋不已。其实，从心理学的角度来看，兴奋不已和惊恐不安是一回事，都源自恐惧。

这有点不好理解。著名心理学家阿弗雷德·阿德勒在他的心理学著作《自卑与超越》中有这样一个例子：

> 三个孩子去动物园看老虎，他们其实都很害怕。第一个直接掉头跑掉；第二个吓得脸都白了，待在妈妈身后；还有一个外表显得有些兴奋，问妈妈他能不能朝老虎吐口水。三个孩子内心的害怕其实是一样的，只是表现的方式不同。

延伸到交易层面，大家可以这样理解：在交易中，无论亏钱表现得惊恐不安或者兴奋不已（虽然少，但是有，俗话说"亏疯了"），还是赚钱表现得惊恐不安或者兴奋不已，都只是在表达同一种情绪——恐惧。

我们经常说市场充满了恐惧与贪婪，严格来说，这并不对。其实市场只有一种情绪，它就是恐惧。恐惧是人类最原始的情绪，而贪婪仅仅是恐惧繁衍出来的众多情绪之一。因为如果我们对一个东西一开始没有恐惧的情绪，贪婪也就无从谈起。

这就好比，一个人对食物过于贪婪，每顿饭都要把自己吃撑到吐，那么他过去一定经历过饥饿，并且对饥饿产生了巨大的恐惧。当然，有些人是对金钱过于贪婪，如根据电视剧《人民的名义》中，贪官赵德汉家中的墙里藏了2亿元贪污来的现金，其实藏这么多钱，他也不敢用，只能等着发霉，但他看到钱就是忍不住要贪。

因此，老子说的"宠辱若惊"其实一点都不难理解，就是在描述一种被恐惧支配的不成熟的心理表现。

那何为成熟的心理表现呢？

"宠辱若惊"有一个对立的词很多人听过——"宠辱不惊"。

所谓"云淡风轻，宠辱不惊，生死看淡，不服就干！"表达的是一种从容洒脱的人生态度。

当然，我们做交易，安全永远是第一位的，"生死看淡"的洒脱也要不得，因为千金散去不一定能"还复来"，也许千金散去从此去要饭。但"宠辱不惊"的从容态度我们还是可以追求的。

"宠辱不惊"换成交易中的词汇大概是"盈亏不惊"，意思是在交易中赚了钱亏了钱情绪上都比较平稳。对于一个交易者，这当然是非常成熟的心态，这也代表了他驾驭住了市场给他带来的恐惧情绪。

有的人一定认为，只要在市场中待得够久，见过的大风大浪够多，都应该能达到宠辱不惊的境界。其实这种想法不完全对。因为有的人一辈子在市场中都无法驾驭自己内心的恐惧，一辈子都会宠辱若惊。

若想宠辱不惊，足够的经历的只是条件之一。而所谓"消除恐惧的最好办法就是面对恐惧"，也不过只是一句空谈，因为人只要活着，就无法摆脱恐惧，更不可能消除它。恐惧是我们生存进化过程中无法缺失的重要情绪，它让我们不至于狂妄鲁莽，帮助我们从大自然中顺利地存活至今，它根植于我们每一个人的大脑之中。

恐惧，无论你爱，或者不爱，它就在那里，不舍不弃。

因此，学会与恐惧和谐相处，才是通往宠辱不惊的正确道路。

在交易中，恐惧每时每刻都有，我们不用刻意去对抗它，因为你会发现那只是徒劳，反而让自己做出一些莫名可笑的行为。

恐惧是否能影响我们，其实是在于我们内心是否有足够的安全感。前面提到过，在市场中，大部分的安全感来源于我们能坚持执行自己的交易系统。可以这样说，交易系统在一定程度上如一道屏障，把你与你的恐惧隔开。

总之，恐惧的一旦被屏障阻挡，"云淡风轻，宠辱不惊"的高境界，就不再遥不可及。

《道德经》第十六章的启示

万物并作，吾以观复。

　　那么万物的生长、活动，我们都不难看出他们从无到有，再由有到无，往复循环的规则。

夫物芸芸，各复归其根。

　　虽然万物复杂众多，到头来还是要各返根源。

《道德经》第十六章的启示

我家后面山上有棵很大的银杏树，每年秋冬时节，它的叶子会慢慢凋谢，风一吹就飘得到处都是。每年这个时候，我都要经常去院子里扫树叶，最让人恼火的事情是，眼看快扫完了，一阵风又吹落一堆树叶。直至腊月前后，这棵银杏树上的叶子会掉得一片都不剩，整棵树看上去光秃秃的，毫无生气，像死了一般，晚上看还会让人觉得有点阴森恐怖。

可是，到了春天，它好像一夜间就长得枝繁叶茂，郁郁葱葱，茂盛得遮住了整个天。直到它的叶子从绿变黄，又再次凋谢落下。

大树每年如此循环，每年我也都要像个小孩子一样重新惊叹一遍大自然的神奇。因为，我总以为它没法熬过上一个冬天。

老子曰："万物并作，吾以观复。夫物芸芸，各复归其根。"万物生长，从无到有，从有到无。树叶如此，人生如此，交易也如此。

交易想有不错的收益，无疑是能抓住一波不错的趋势。虽然市场走势不会与历史完全一样，但注意观察就会发现，市场走势都是由大大小小的趋势组成，大则数十年，小则几毫秒。其总是在出生、持续、反转中不断交替，如同万物生长与消亡。只不过到最后，肉眼所及，有的走势形成了像样的趋势，有的走势似乎胎死腹中。这就好像一些种子埋入土中，有的后来长成了树，有的后来长成了草，有的后来什么都不是。

我们做交易，是无法提前准确预知市场中那么多种子中，未来哪颗能长成参天大树的。由于资金有限，我们投资的最好的方法不是用钱去提前灌溉每一颗种子，而是耐心等到有种子破土甚至长得像样了之后，找合适的时机入场。最后等待这波趋势反转出场，赚取其中差价。其中当然有风险，芽会死、草会枯、树会倒。天地不仁，这些都很正常。感觉不对，止损即可。

万物生长虽有规律，但那只是它们本能生的向往，不妨碍世间生死的无常。就像我家后山的那棵银杏树上的叶子，虽然每年依旧生长，但每一片都与去年的不一样。我也只看到那些大片的成叶，从来不知道有多少叶芽在没等到繁茂之前就夭折了。

《道德经》第二十章的启示

俗人昭昭，我独昏昏。

世人都明明白白，唯独我昏昏沉沉。

俗人察察，我独闷闷。

世人都清清楚楚，唯独我迷迷糊糊。

《道德经》第二十章的启示

"俗人昭昭，我独昏昏。俗人察察，我独闷闷。"——老子这位大圣贤竟这般谦虚，西哲苏格拉底也说过："我只知道一件事，就是我什么都不知道"。我真不知道那些整天在市场中整日夸夸其谈的"专家"，看到两位先哲的话后是否会感到羞愧。

无数人有这样的一种错觉，总觉得自己无法把控这个庞大世界，把范围缩小到金融市场，似乎就容易一些。金融市场的未来走势好像是一道数学题，通过计算和逻辑推理，解开了就能发大财，就拥有了预测的能力。

倘若市场是"理性"的，这样想当然行得通，哪怕这道题很难，人脑不够用，但用计算机计算也能轻松搞定。也就是说，谁的计算机先进，谁就能赚到金融市场里的所有钱。

实际上根本不是这回事，因为再先进的计算机也无法计算出人性的善变。市场走势是由人性所主导的，人性即是"非理性"。市场里面的人尔虞我诈、自以为是，甚至会没有任何理由的"灵光一现"，甚至"乌龙一指"等。所以一切的推理计算在市场面前，只是白忙一场而已。

古代圣贤们发现了自己对世界认知的有限，都以谦卑的姿态面对它。而金融市场更是"无常世界"的缩影，它只会更加残酷，更加让人捉摸不透。身在其中，不仅放大了人性的贪婪与恐惧，也放大了人性的自大。

总是有人认为自己或者他人能预测市场未来的走势，沉迷在各式推理中无法自拔，完全忽略了人是多么的渺小。简而言之，越是感觉自己什么都清楚的人，越是"昭昭"与"察察"的人，在市场中越不会有好下场。倒不如承认自己的无知——做一个"昏昏"与"闷闷"的人，时刻对市场充满敬畏之心，如履薄冰地在市场中"苟活"着。

《道德经》第二十一章的启示

少则得；

　　少取反而可以多得；

多则惑。

　　贪多反而变得迷惑。

——《道德经》第二十一章的启示

心理学家做过这样一个实验：给一个人一块手表，当别人问这个人时间时，这个人能够快速而且自信地说出时间（虽然时间不一定是准的）；然而，当给这个人两块不同的手表时，他反而不能很快地说出时间了。因为两只手表并不能告诉一个人更准确的时间，反而会让看表的人失去对准确时间的信心。心理学家把这种现象称为"手表现象"，并由此得出了一个结论：在做事情时，只能有一个指导原则或价值取向。

"手表现象"在生活中多不胜数。选择多了，往往会让人感到不知所措。

很多初学者认为技术学得越多，消息路子越多，思路就越清晰。但实际情况是，不同的技术之间往往自相矛盾，而消息更是真真假假，难以分辨。

选择太多，就会迷茫。

我刚刚学做交易的时候，什么消息都听，什么技术都学，最后亏得一塌糊涂。最后我扭亏为盈的开始反而在于化繁为简——坚持只使用一套成熟的技术，甚至不听任何市场中的消息，不管是小道消息还是"大道消息"。如此的目的是尽量让大脑保持清晰。

比如，一段走势，在很多股民看来，可能有这样复杂的心理历程：

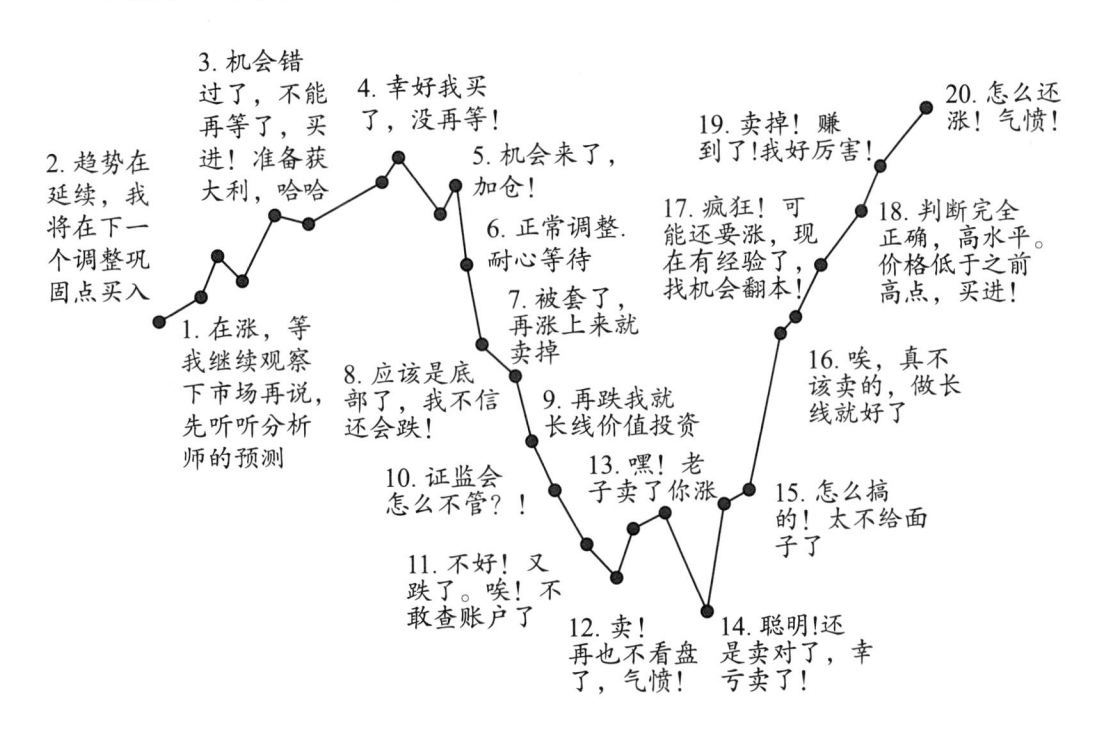

1. 在涨，等我继续观察下市场再说，先听听分析师的预测
2. 趋势在延续，我将在下一个调整巩固点买入
3. 机会错过了，不能再等了，买进！准备获大利，哈哈
4. 幸好我买了，没再等！
5. 机会来了，加仓！
6. 正常调整，耐心等待
7. 被套了，再涨上来就卖掉
8. 应该是底部了，我不信还会跌！
9. 再跌我就长线价值投资
10. 证监会怎么不管？！
11. 不好！又跌了。唉！不敢查账户了
12. 卖！再也不看盘了，气愤！
13. 嘿！老子卖了你涨
14. 聪明！还是卖对了，幸亏卖了！
15. 怎么搞的！太不给面子了
16. 唉，真不该卖的，做长线就好了
17. 疯狂！可能还要涨，现在有经验了，找机会翻本
18. 判断完全正确，高水平。价格低于之前高点，买进！
19. 卖掉！赚到了！我好厉害！
20. 怎么还涨！气愤！

而同样的走势，我们单用趋势去判断，完全可以把事情看得简单很多。

简化之后思路不仅清晰,执行力也会变强:

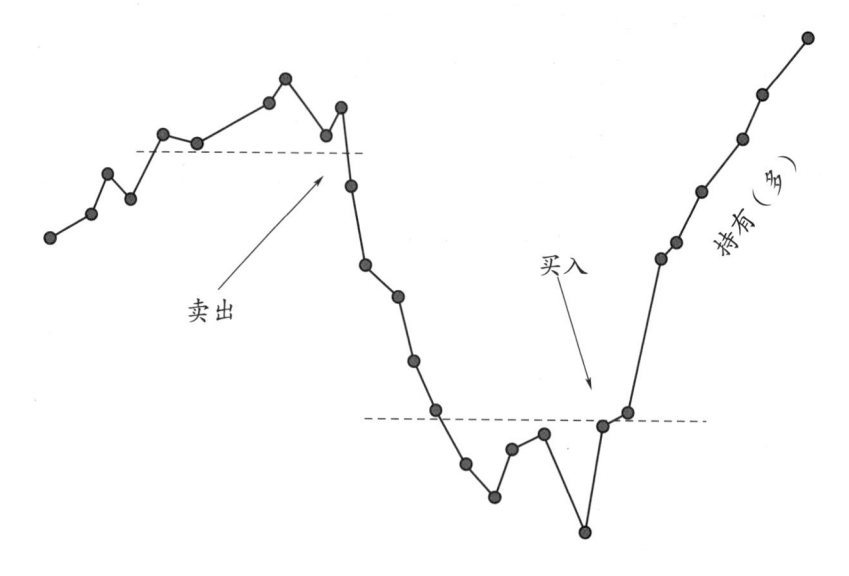

卖出

买入

持有(多)

由繁至简,就像著名数学家华罗庚先生说的"读书要越读越薄"一样,看上去容易,其实需要大量时间的历练。我们往往是经历了"多则惑"的贪婪,才可能体会到"少则得"的厚重。

在交易中,人性总是偏向思考得越复杂越有安全感。当然,了解的消息多不是没有好处。我们想研究清楚一件事物,尽量全面真实地获取信息,是成功的捷径。但是,我们的认知充满局限,只能通过不断犯错去吸取教训,甚至经常连家里钥匙都无法确定是在客厅还是在卧室中,如何做到"全面真实"?严格来说,我们人类至今深入研究的各个领域都还没有一个敢说达到了"全面真实",更不要妄想在充满欺骗与贪欲的金融市场中获取"全面真实"。

"少则得,多则惑。"是跨越了数千年的古人智慧。我相信,此两句,仅六字,世间每个人皆可受益终身。它时刻告诫我们人是有局限的,能力再大也总有我们触及不到的盲区,要懂得谦卑,明白"抱朴守拙"的意义。

《道德经》第二十四章的启示

企者不立;

> 凡踮起脚跟想要站得高,反而站立不稳;

跨者不行。

> 凡跨着大步想要走得快的,反而走不了多远。

现在生活节奏很快，大家都希望学东西能够速成，网上或者街上也到处都是所谓的"速成班"。对一般人来说，这确实很有吸引力。

我刚刚学交易时，也是恨不得找到一个速成的秘诀，从此走上人生巅峰。为此，我花了不少钱，可是，最终我从亏损到相对稳定盈利，用了差不多十年。这倒不是说我所学的方法都是骗人的。虽然有一些不靠谱，但也有一些确实具备实战价值。

其实，方法不是重点。

以前我认为自己学习交易走了很多冤枉路，但如今，我反倒认为人生并没有白走的路，每一步都有意义。以前的老手艺人收徒，单是入门当学徒给师父打杂，就要几年，观察人品和资质。如今学什么都是给钱就教。怪不得我老家那个摆了几十年摊的老理发匠，总是指着那些街对面新开的发廊对客人说，那里面的年轻"托尼老师"们都是速成班里学出来的，心不静，要不得啊！

以前总以为老理发匠这是嫉妒，现在想来，他更多的是感到寒心。

学习交易的方法只不过是帮助我们稍微少绕点弯路。想要成为一个成功的交易者，大量时间是需要花在"修心"上的。

一个运动员，身体素质不行，对手一撞他就飞了或者动几下体力就透支了，哪怕运动技巧再好，也无法成为一个优秀的运动员。他需要从小花大量的时间锻炼身体，只有在身体素质过硬的基础上加上运动技巧，才有资格去参加比赛，继而有可能取得好成绩。

做交易，对身体素质要求没有那么高，只要没有什么重大的疾病，不会受点刺激就要送医院抢救，一般人都可以做。但是想做好交易，还是要过"心"这一关。这颗心修不好，再好的方法也无法盈利。

修好这颗心，需要我们顿悟。当我们的经历和思想累积到一定量之后，就可能产生顿悟。当然，这里所谓顿悟，并没有那么玄——只不过是有些东西想通了，有些执念放下了。每个人情况不一样、经历不一样、思维方式不一样，顿悟所需要的时间的自然不同。

我自认资质平庸，也许重新来过，对交易有所顿悟还是需要将近十年，甚至更久。当然，一朝顿悟并不是说从此就不再迷茫，也许有一天我又会陷入某种执念之中。顿悟之前一切的经历都是在为那一瞬间打基础，所以并没有白白浪费时间。

"企者不立"与"跨者不行"说的也是这个道理。刻意求快犹如在建"空中楼阁",地基都没有,垮塌是必然的事情。只有在不断垮塌中重建,才能明了世上很多事情,看似有迹可循、有捷径可走,到头来却发现,不过是自作聪明。

一路走来,该犯的错总要犯,该踩的坑总要踩。把所有坑都踩一遍,也算一种圆满。

《道德经》第二十六章的启示

重为轻根,静为躁君。

  稳重为轻浮的根本,清静为躁动的主宰。

"重为轻根，静为躁君。"简单来说就是教导我们做事要戒骄戒躁。这个道理很多小朋友都懂，在日常生活中达到此境界尚属不易，在交易中就更难了。

《庄子·达生篇》："以瓦注者巧，以钩注者惮，以黄金注者殙。……其巧一也，而有所矜，则重外也。凡外重者内拙。"

意思是当一个人用瓦做赌注时，技艺可以发挥得相当好，而用钩之类价值较大的东西下注时，就缩手缩脚了，一旦改用黄金做赌注，则大失水准。需要的技巧没变，但因有所顾忌，对外物看得过重，内心反而变得笨拙。

交易就是这样一个纯纯的"金钱游戏"，做交易的人，有几个不在意钱呢？人内心一旦有了牵挂，操作都会变形。

很多时候，初学者进行交易，并不是市场上真的有那么多可以交易的机会，而是因为之前亏损了，急于翻本，进而胡乱买卖，导致一错再错，小亏变大亏。当然，胡乱买卖导致亏损，是每一个交易者成长的必经之路，它的意义在于某一天能深刻地认识到自己的愚蠢，然后重新梳理自己的情绪，审视自己的操作，重新出发。

成功就是这么简单？当然不是。

接下来会再次失败，重新梳理自己的情绪，再次审视自己的操作，重新出发……我已记不得自己曾在这条路上循环往复了多少次，最后才触到了"稳重"和"清静"的门框。

我至今也说不清其中的窍门，要说最后得到的是一种厌恶感，或者说是一种麻木感，好像都不太准确，因为我依旧热爱交易。但同时也学会了与它相敬如宾，不会像刚刚认识的时候那么热情痴狂。

准确地说，每一次挫败就像一把锤，把我锤得没有了脾气，锤得心平气和，锤得不敢逾矩，锤得一切随缘。这把锤，锤走了太多人，也依旧锤不醒太多人。太多人反而越锤越"勇"，越锤越浮躁，越锤亏得越多。就好像人生所有的憋屈和叛逆都在市场中释放了出来，非要和市场拼个你死我活。

市场不是撒泼打滚的地方，没有人能真正战胜市场，但市场又总能给人一副好像能被轻易把控和预测的样子。

这就是市场的高明之处——优秀的猎人，总是以猎物的方式出现。

《道德经》第二十七章的启示

善行无辙迹；

　　善于行走的人，行踪不留一点痕迹；

善言无瑕谪；

　　善于说话的人，言语滴水不漏；

善计不用筹策；

　　善于计算的人，不用借助计算的工具；

善闭无关楗而不可开；

　　善于关闭的，不用栓销便可使人打不开；

善结无绳约而不可解。

　　善于捆缚的，不用绳索便可使人解不开。

此段《道德经》为我们介绍了各种熟能生巧的"技术型人才"。

当我还是一个刚接触交易的"小白"之时，我幻想的交易中熟能生巧的"技术型人才"是每天都能赚钱，并且只赚不亏，甚至动不动就能一夜暴富。我相信很多人和我一样，在什么都不懂的时候，都这样幻想过，并且我为这个目标努力过很久，坚信世界上一定有这样的"神仙"，自己今生一定要成为这样的"神仙"。

回过头看，这种想法实在幼稚。毕竟人类就是人类，怎么可能成为"神仙"？

如今让我重新定义交易中熟能生巧的"技术型人才"，我想应该是：能坚持遵守和执行自己的交易系统，并且能严格控制账户风险的人。简而言之就是"善交易者无大亏。"标准看上去降低了很多，也不再提盈利。感觉有些窝囊，有些无奈，但这也是我们成为一个成熟的交易者首先要认清的事实。

我们作为资金有限的个人交易者，在交易中是无法左右市场的走势的，唯一能做的就是在执行自己的交易系统的前提下，去控制自己的账户亏损。至于每年盈利多少，并不是我们所能决定的。每年市场的情况都会不同，收益也会不同。甚至遇到行情不好的时候，一年干到头，能保个本就心满意足了。

多少人年轻的时候都想去改变这个世界，最后都被这个世界改变——"忆当年年少鲜衣怒马，也曾梦想仗剑走天涯，却奈何现实与梦想反差太大，天涯不容他。"

《道德经》第三十三章的启示

知人者智,自知者明。

能了解别人的人,只能算聪明。能了解自己,才算是智慧。

胜人者有力,自胜者强。

能战胜别人的人是有力的,能战胜自己弱点的人才算是强者。

知足者富,强行者有志。

知道满足的人才是富有的人,坚持力行的人才算有志气。

归根结底,交易是一场自己和自己的游戏。人生好像亦是如此。

无论外界如何,我们每一个人终究是孤独的,无论我们想不想承认,大部分时间我们终究活在自己的世界里。

我不太喜欢"战胜自己"一说。毕竟"战胜"代表着对抗,代表着矛盾。内心的矛盾是烦恼的源头,一切的心理问题都是从自我产生的矛盾所发展出来的。"战胜"还好说,可是一旦"战败",后果不堪设想。那些疯掉的人,不多是"战败"的产物吗?

学习交易的过程,必定伴随着痛苦。我当初屡次爆仓时,也屡次重重扇自己耳光反省。我不断尝试与自己的人性对抗,结果我不过是暂时压制了它。在那段阴暗的日子里,我几乎崩溃。直到后来我意识到:我是一个人,我不断压抑自己的人性,连"自己是一个人"这种事实都想否定吗?

于是我尝试了解自己,尝试"自知者明",不再和自己对抗。就好像两口子吵架,冷静下来后,需要好好聊一聊,只不过这是一场自己和自己旷日持久的"谈话"。慢慢地,我发现,当内心矛盾一方主动退让的时候,另外一方也自然退让,最后我与自己和解了。

我依旧是那个我,只不过在交易中不再那么激进,也不去刻意压抑自己,就好像两口子找到一个双方都舒适的相处方式。不越界,也就不容易发生争吵。

从某种意义上来说,这也算是战胜了自己。可是整个过程是"非暴力"的沟通方式。原来想做到"自胜者强",不是要去与自己发生激烈的对抗,如《孙子兵法》中所言的"不战而屈人之兵",才是最高明的手段。

可以这样说,我为了不再让内心发生强烈的争执,选择了接纳自己,选择了"不战"。结果反而超出了预期,以前无法执行的交易规则,也能毫无障碍地执行,以前对于盈利的执着,也没有那么强了,反而开始盈利了。

世间很多事情就是这么玄妙。就像小狗追自己的尾巴,累死都追不到;某天不再追了,反而发现尾巴原来会一直跟着自己。当贪念减少之后,"知足者富"的感觉自然就产生了。心态变得会更好,继而进入一个良性循环之中。

《道德经》第三十六章的启示

将欲歙之,必固张之;

　　想要收敛它,必先扩张它;

将欲弱之,必固强之;

　　想要削弱它,必先加强它;

将欲废之,必固兴之;

　　想要废去它,必先抬举它;

将欲夺之,必固与之。

　　想要夺取它,必先给予它。

有一个西方谚语，与这四句话表达的意思相近，相信大家都听过："上帝要其灭亡，必先使其疯狂"。再说得简单点，可以用两个字归纳——"捧杀"。

《左传》中郑伯克段于鄢的故事就讲述了捧杀的威力。春秋时期，郑国国君郑庄公有个弟弟叫共叔段。郑庄公的母亲姜氏偏爱共叔段，不喜欢郑庄公，肆无忌惮地为小儿子争城池、争财富、争利益。郑庄公对这娘俩予取予求，要什么都给，提什么条件都答应。于是，这娘俩认为郑庄公软弱可欺，就密谋发动叛乱。郑庄公以迅雷不及掩耳之势平定了叛乱。郑庄公这招"捧杀"可谓高明。

在市场中，我们听过太多一夜暴富的故事，最后主人公的下场都比较惨。不是凭自己本事挣到的钱，往往都会凭自己本事亏回去，甚至亏的比赚的更多。对于这样的人来说，市场就是一个大赌场，一时的好运可能付出一生的代价。

不知是幸运还是不幸，我从开始交易到现在，没遇到过那种莫名其妙一夜暴富的人。

说实话，我曾有点羡慕那种人。但转念一想，一般有过一夜暴富经历的人，在市场中执念最重，走的弯路也最多。因为他当初无意到过"高峰"，看过"美景"，之后拼了命想往那里爬，结果摔了个粉身碎骨。

眼界开了，不一定是一件好事。开了，很多东西就放不下了。特别是在本事和财富无法匹配的时候。驾驭不了，就可能被吞噬，被"捧杀"。

《道德经》第四十三章的启示

天下之至柔，驰骋天下之至坚。

天下最柔弱的东西，能驾驭天下最坚强的东西。

《道德经》第四十三章的启示

"以柔克刚"是中国几千年来智慧的集大成者,《道德经》全篇也多次提到"柔"的重要性。

"以柔克刚"历史上比较著名的典故应该是"二桃杀三士"(出自《晏子春秋·内篇谏下·第二十五》)。

春秋时,齐景公手下有公孙接、田开疆、古冶子三位勇士。他们三人都能赤手空拳和老虎搏斗,以力大无穷而闻名天下。

有一天,晏子从他们身旁经过时,小步快走以示敬意,但这三个人却没有站起来,对晏子非常失礼。对此,晏子极为生气,想用诡计除去他们三人,便去见景公,说:"我听说,贤能的君王蓄养的勇士,对内可以禁止暴乱,对外可以威慑敌人,贵族赞扬他们的功劳,民众佩服他们的勇气,所以使他们有尊贵的地位,优厚的俸禄。而现在君王所蓄养的勇士,对上没有君臣之礼,对下也不讲究长幼之伦,对内不能禁止暴乱,对外不能威慑敌人,这些是祸国殃民之人,不如赶快除掉他们。"景公说:"这三个人力气大,与他们硬拼,恐怕拼不过他们,暗中刺杀,又怕无法成功。"晏子说:"这些人虽然力大好斗,不惧强敌,但不讲究长幼之礼。"于是便乘机请景公派人赏赐他们两个桃子,对他们说道:"你们三个人就按功劳大小去分吃这两个桃子吧!"

公孙接仰天长叹说:"晏子果真是位聪明人。他让国君叫我们按功劳大小分配桃子。我们不接受桃子,就是不勇敢;可接受桃子,却又人多桃少,这就只有按功劳大小来分吃桃子。我第一次打败了野猪,第二次又打败了母老虎。像我这样的功劳,可以吃桃子,而不用和别人共吃一个。"于是,他拿起了一个桃子站起来了。

田开疆说:"我手拿兵器,接连两次击退敌军。我有这样的功劳,也可以自己单吃一个桃子,用不着与别人共吃一个。"于是,他也拿起一个桃子站起来了。

古冶子说:"我曾经跟随国君横渡黄河,大鳖咬住车左边的马,拖到了河的中间,那时,我不能在水面游,只有潜到水里,顶住逆流,潜行百步,又顺着水流,潜行了九里,才抓住那大鳖,将它杀死了。我左手握着马的尾巴,右手提着大鳖的头,像仙鹤一样跃出水面。渡口上的人都极为惊讶地说：'河神出来了。'仔细一看，原来是鳖的头。像我这样的功劳，也可以自己单独吃一个桃子。而不能与别人共吃一个！你们两个人为什么不快把桃子拿出来！"说罢，便抽出宝剑，站了起来。

公孙接、田开疆说："我们勇敢赶不上您，功劳也不及您，拿桃子也不谦让，这就是贪婪啊；然而还活着不死，那还有什么勇敢可言？"于是，他们二人都交出了桃子，刎颈自杀了。

古冶子看到这种情形，说道："他们两个都死了，唯独我自己活着，这是不仁；用话语去羞辱别人，吹捧自己，这是不义；悔恨自己的言行，却又不敢去死，这是无勇。虽然如此，他们两个人若是同吃一个桃子，是恰当的；而我独自吃另一个桃子，也是应该的。"他感到很羞惭，放下桃子，刎颈自杀了。

在交易中，与市场去"刚"——"拼了！""逆势亏损加仓！""死磕到底！"等，都是中了市场的"阴谋"之后，导致的有勇无谋的行为。如此一来，交易者就离失败不远了。

面对诡计多端的市场，以"柔"的操作方式和心态去应对，是成功交易的关键——耐心等待合适的时机、不被市场蛊惑胡乱操作、顺应趋势的方向进场、感觉不对就先止损出场、有了可观的利润选择合适的止盈等。不头脑发热与市场对抗，就不会给市场把自己置于死地的机会。

一念刚执，让多少英雄豪杰在这个市场从此陨落，可悲可叹，回头看，竟也可笑。

《道德经》第四十四章的启示

是故甚爱必大费；多藏必厚亡。

过分爱慕虚荣，就必定要付出更多的代价；聚敛过多的财富，必定会招致更为惨重的损失。

故知足不辱，知止不殆，可以长久。

所以说，懂得满足，就不会受到屈辱；懂得适可而止，就不会遇见危险；这样才能享受长久的平安。

很多人来市场中交易，对每年收益并没有什么预期，总是希望在短时间内赚更多的钱。说白了，就是想一夜暴富。很多散户抱有这种不切实际的想法，把交易当成了一种不正经的事业，本身就瞧不起交易，一直把市场当成了合法的"赌场"，自己自然变成了合法的"赌徒"。

交易其实没有那么神秘，本质上也只算是一份工作，收入有时多有时少，有时还亏，能保持"细水长流"已经算是一名比较成熟的交易者了。既然交易是一份普通工作，就要把心态放好，没有人平时工作总想着天降横财吧，大多数人还是踏踏实实地干，用时间换收益。

当然，交易确实和一般意义上的工作有一些不一样的地方，看似充满机会与刺激，但交易的真正魅力并不在于短时间内赚了多少，而在于复利。

著名的"耶鲁基金"，虽然近30年翻了20倍，但其年化收益率也不过是9.9%左右（同期标普500指数的年化收益率仅为5.9%）。这就是复利的威力。

敢问年收益9.9%有多少散户看得上？很多散户感觉每天不抓个涨停（最好是"天地板"），这天都白过了。

《道德经》教导我们"甚爱必大费；多藏必厚亡。""知足不辱，知止不殆，可以长久。"而今又有多少人相信？

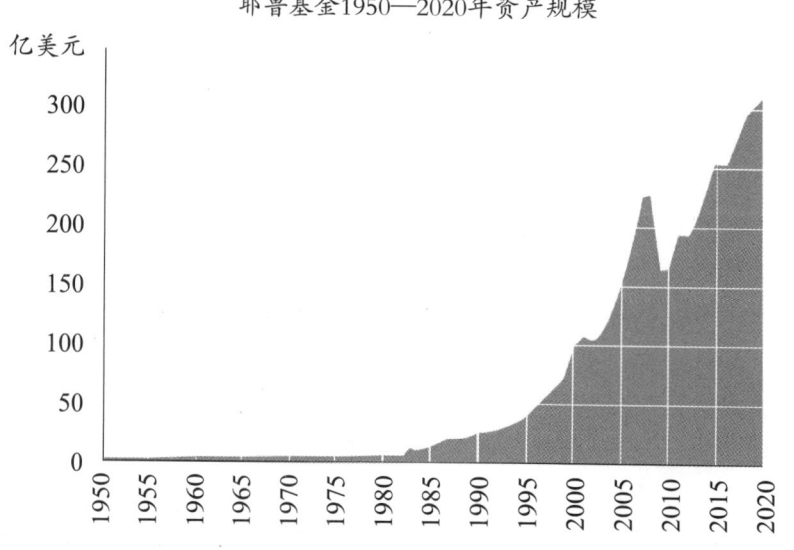

耶鲁基金1950—2020年资产规模

《道德经》第四十四章的启示

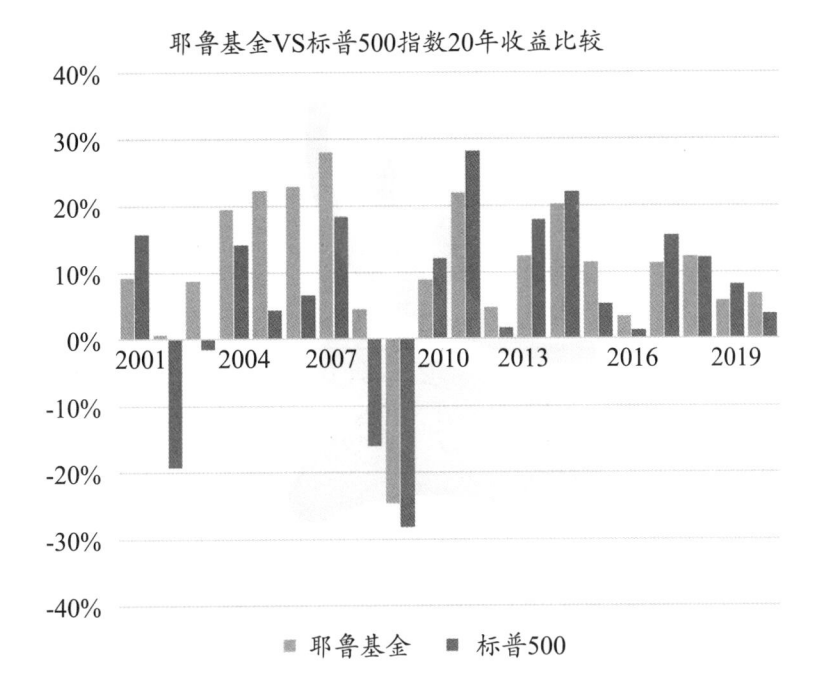

耶鲁基金VS标普500指数20年收益比较

■ 耶鲁基金　■ 标普500

钱多了必然会引来灾祸，而今人们眼中却只有贪婪。懂得适可而止，才明白知足的可贵，生活才能长平久安。而今人们心中的索求却像一个黑洞，永远填不满，个个活得犹如饕餮怪兽，福气都被吓跑了。最后能有什么好结果？

《道德经》第四十五章的启示

大成若缺,其用不弊。

最完满的东西,好似有残缺一样,但它的作用永远不会衰竭。

大盈若冲,其用不穷。

最充盈的东西,好似是空虚一样,但是它的作用是不会穷尽的。

大直若屈,大巧若拙,大辩若讷。

最直的东西,好似有弯曲一样;最灵巧的东西,看起来好像很笨拙的样子;最卓越的辩才,看起来仿佛是口讷的样子。

俗话说，"月满则亏，水满则溢。"《道德经》这几句话想告诫世人的是，世间没有什么是完美的，完美的东西看上去都有缺憾。

追求完美，是人类自身的一种天性，应该说，这没有什么不好。如果人只满足于现状，而失去了这种追求，那么人大概现在还只能过着茹毛饮血的生活。但如果过分追求完美，而又达不到完美，就必然会浮躁。要知道，过分追求完美往往不但得不偿失，反而会变得毫无完美可言。

有这样一个故事：

> 一位老和尚为了选拔理想的衣钵传人而设置了一道非常奇妙的考题。一天，老和尚对一胖一瘦两个得意门生说："出去给我拣一片你们最满意的树叶回来。"两个徒弟领命而去。不久之后，胖和尚就回来了，递给师父一片并不漂亮的树叶，对师父说："这片树叶虽然并不完美，但它是我看到的最好的树叶。"瘦和尚在外面转了半天，最终却空手而归，他对师父说："我见到了很多的树叶，但怎么也挑不出一片最完美的，所以没有一片是我最满意的。"考试结果可想而知，胖和尚成了老和尚的传人，因为他更懂得万事随缘，世上本无完美之事的道理。

也许在人生中，我们都会遇到这样的情景：一心只想尽善尽美，最终常常是两手空空。"拣一片最完美的树叶"，人们的初衷总是美好的，但如果不切实际地一味找下去，最终往往会吃尽苦头。

有人说，天空不够完美，因为它有时布满阴霾，甚至狂风暴雨；大海不够完美，因为它总是惊涛骇浪，甚至能把船卷入海底。每个人每个事物都是被上帝咬过一口的苹果，都有一丝小小的缺憾，只要你不苛求，就会发现天空是那么蓝，大海是那么阔。

居里夫人说："完美催人奋进，但苛求反而成为科学进步的大敌。"那些在生活中喜欢事事追求完美的人，被我们称为"完美主义者"。但其实"完美主义者"并不是一个褒义词。

加拿大不列颠哥伦比亚大学的心理学家保罗·休伊特说："人们往往忽略了完美主义者脆弱的一面，譬如沮丧、厌食等。"休伊特和心理学教授戈登弗莱特自20世纪90年代开始研究完美主义。他们发现，完美主义者有不同的表现形式，但不管是何种类型的完美主义者，都有这样那样的健康问题，譬如沮丧、焦虑、饮食紊乱等。但在很多人眼里，"完美主义者"这顶帽子并不难看，认为追求完美才能达到优秀。事实上，追求完美和追求优秀是两回事。追求完美，有时也是一种错、一种苛求、一种折磨。

平心而论，交易方法也同样没有完美的，可是，我知道无数交易者花了大量时间，在追求此道。无论你信仰的是技术分析还是基本面分析，无论你运用的是早已成熟的交易体系还是自创的"独家秘术"，有优势，必有弊端。恕在下没见过两全其美，只见过祸不单行。

这些听起来都是废话，道理谁不懂。但一打开交易界面，又会忍不住开始钻牛角尖了。归根结底，还是想再完美些、再贪婪些。恨不得用技术把波动的走势拉直了，不放过市场上每一分钱！

俗话说得好，魔鬼都在细节里。这个话放到交易中一样适用。过细的交易会让我们被"魔鬼""附身"。

我们以为的"完美"，有可能只是自我陶醉，或者自掘坟墓。有的散户家里七八个屏幕，生怕看丢了什么。除了股票经纪人，真没必要如此狼狈。我年轻时候也这样布置过，主要是想显得自己专业些，因为那个时候没有底气。后来精简得只剩下一个。开仓，挂好止损，随缘——糊涂的日子，过得最安逸，也不再会把一根日线分成1小时、半小时、10分钟、5分钟、1分钟……追求细节，到最后追得支离破碎。

我们一生终究是通过某种方式去修行。交易不过只是其中一条路，不是彼岸。这条路看上去很美，路边盛开着很多花。我们看花，忘了前行。我们蹲在路边，琢磨怎么又快又好地弄到这些花，这一琢磨，可能就是大半辈子，最后腿蹲麻了，想站却站不起来。而那些顺着路走的人，挥一挥衣袖，顺便带走了里面最美的几朵花。

想要毁掉一个人的最快方法，就是让他去追求完美。世间万物皆有裂缝。那是留给光照进来的地方。

《道德经》第四十八章的启示

无为而无不为。

如果能够做到无为，即不妄为，任何事情都可以有所作为。

"无为"是整部《道德经》最重要的核心思想之一，也是中国传统哲学最重要的核心思想之一。

我们千万不要单纯从字面上去理解"无为"，认为"无为"就是什么都不做，无所作为，"躺平"。

"无为"其实是让我们不违背规律强作妄为！

《道德经》第十七章说："悠兮其贵言。功成事遂，百姓皆谓'我自然'。"意思是最好的统治者优哉游哉，不轻易发号施令。等到事情办成功了，百姓们都说："我们本来就是这样的。"

十八世纪在西方流传着这么一句话：最懒惰的政府是最好的政府。这句话与老子的思想如出一辙，但老子在公元前五世纪便提出了这一说法，早于西方两千多年。

《庄子·天地》中有这样两则故事：

黄帝到赤水的北边去游玩，登上昆仑山向南眺望，不久要回来时，发现把玄珠弄丢了。他就派'知'去寻找，没有找到。又派"离朱"去找，也没找到。再派"吃诟"去找，还是没找到，于是派"象罔"去，象罔找到了。黄帝说："奇怪啊！象罔为什么竟找到了？"

"玄珠"就是玄妙的宝珠，代表"道"。而"知"表示有才智的人，"离朱"表示有锐利眼光的人，"吃诟"表示行动迅速的人。这三者合起来，其实就是说，那些聪明的、眼疾手快的人，都没有办法悟道。而"象罔"表示"无象"，没有痕迹，也无所用心，表示"无为"的人最终成功悟道。

尧帝在治理天下的时候，伯成子高被封为诸侯。等到尧让位给舜，舜让位给禹之后，伯成子高辞去了诸侯回家种田。于是禹就去拜访他，问他为什么不做诸侯反而回家种地呢？子高说："以前尧治理天下，不用奖赏，人民自动向上；不必惩罚，人民自动敬畏。现在，你施行赏罚，人民还是不行善，道德从此衰落，刑罚从此确立，后世的祸乱也将从此开始。你怎么还不走开呢？不要妨碍我耕地。"

在这个故事中，尧帝和舜帝施行的是"无为而治"，百姓安居乐业。而当禹帝开始治理天下时，他推行赏罚，这是"有为"的表现，反而适得其反，让民众失去了自然的本性。

"无为"就是顺应万物本身所具有的潜能去成就万物，这又被称为"自然"。所以《道德经》第二十五章说："人法地，地法天，天法道，道法自然。"无为的关键是自然。这个"自然"指的不是我们今天说的自然界、自然规律，而是"自然而然"，即让事物顺着自己的潜能去发展，而不要用外力去干涉它、打扰它。

作为交易者，我们的"自然"遵循的是什么？就是市场走势。因此，"无为"在交易中，说简单点，就是四个字：顺势而为！我们在实际操作中常见的却是，市场现在明明趋势下跌，可是就是有人想去"抄底"，认为价格够便宜了，去买涨，不顺应当下市场的趋势，这便是妄为；也有人明明现在趋势在上涨，但就是认为价格太高，把手中正在盈利的标的平仓出局，这也是一种妄为。

不遵循自然，不顺应趋势，就不是无为。

可能有人不是很明白这些"抄底摸顶"的做法有什么不对，可能还认为这样的做法很取巧、很聪明。想要成为一名合格的交易者，大家必须明白，在交易中，"小聪明"不是聪明，更不是智慧。能在市场中长期稳定盈利的人，靠的一定是大智慧。而"无为"无疑就是一种大智慧。因为，"无为"的思想不仅可以用于交易，更可以运用于生活方方面面。

《道德经》第五十章的启示

盖闻善摄生者，陆行不遇兕虎，入军不被甲兵；

　　据说，善于保护自己生命的人，在陆地上行走，不会遇到凶恶的野兽，在战争中也受不到武器的伤害。

兕无所投其角，虎无所措其爪，兵无所容其刃。

　　犀牛无法用角去伤害他，老虎对他也无处伸爪，武器在他身上也无处刺击。

夫何故？以其无死地。

　　为什么会这样呢？因为他不让自己陷入死亡的危境之中。

《道德经》第五十章的启示

余华有一本小说叫《活着》。我在二十来岁初看时哭得一塌糊涂,哀叹命运对主角的不公,臭骂作者在故意制造悲剧,假想自己倘若遇到如主角般如此悲惨的命运,是否有勇气继续活下去。

随着年纪的增长,这些年再读《活着》,又有了不一样的感受。在阅读时,我的脑海总是不由自主地浮现鲁迅先生《祝福》里的祥林嫂,同是命途多舛之人,都经历了生离死别,就如佛家所言:人生有七苦。生、老、病、死、怨憎会、爱别离、求不得。余华先生在《活着》韩文版自序中说过,"《活着》讲述了眼泪的宽广和丰富;讲述了绝望的不存在;讲述了人是为了活着本身而活着的,而不是为了活着之外的任何事物活着。"

我相信几乎所有人在初识交易时,认为交易的核心是盈利,要在市场中去拼命赚取尽可能多的钱。但在一个成熟的交易者看来,交易的核心十分卑微,那就是——"活着",或者说是能严格做到"控制风险"。

交易就是这样,终会让我们低下"高贵"的头颅。以前我认为自己一定要在市场中搞出一点名堂,最后发现很多时候光是在市场中"活着",就已经十分狼狈,也就已经能超越大部分交易者。

《道德经》中描述真正厉害的人是"以其无死地"——从来不让自己陷入死亡的危境之中。这看似平淡无奇,但做交易的人会发现这点难如登天。

一旦散户开始交易,经常会因为头脑发热而重仓交易,在走势不利的时候,因为不服或者侥幸去撤掉或者根本没有设置保命的止损线,还往往会在亏损时自作聪明地加仓,美其名曰"摊平成本"。有些越陷越深的,还会去借贷,加杠杆,把原本一次很普通的交易变成一次"豪赌"。

我们暂且不论结果如何,就问这真的有必要吗?作为一个情绪的奴隶,如此这般操作,就算暂且躲过一劫,还指望今后次次都能"活着"?

真正把交易做到极致,不是看得到多少收益,而是能做到"以其无死地",永远不让自己账户资金陷入危险,永远把"风险控制"放到第一位!所谓盈利,不过是"以其无死地"之后的附属奖励。至于多少,顺其自然,不奢求,不妄想,做好当下。

再读《活着》,我才发现,原来能在市场中活着,就是最大的幸运,亦是最大的勇气。

《道德经》第五十二章的启示

塞其兑，闭其门，终身不勤。

　　塞住欲念的孔穴，闭起欲念的门径，终身都不会有烦扰之事。

开其兑，济其事，终身不救。

　　如果打开欲念的孔穴，就会增添纷杂的事件，终身都不可救治。

《道德经》第五十二章的启示

我记得读书时候听老师讲过这样一则小故事：

> 从前有个财主，每天让他劳神费心的事情跟他拥有的财富一样多。所以，他每天都愁眉紧锁，难得有个笑脸。财主的隔壁，住着磨豆腐的小两口。曾有谚语说：人生三大苦，打铁撑船磨豆腐。但磨豆腐的这小两口却乐在其中，一天到晚歌声、笑声、逗乐声不断地传到财主的家里。财主的夫人问老公：“我们有这么多钱，怎么还不如隔壁家磨豆腐的小两口快乐呢？”财主说：“这有什么，我让他们明天就笑不出来。”到了晚上，财主隔着墙扔了一锭金元宝过去。第二天，小两口果然鸦雀无声了。原来他们正在合计呢！他们捡到了"天下掉下来的"金元宝后，觉得自己发财了，磨豆腐这种又苦又累的活儿以后是不能再做了。可是，做生意吧，赔了怎么办；不做生意吧，总有坐吃山空的一天。丈夫心里还想，生意要是做大了，是该讨房小的呢还是该休了现在这个黄脸婆；妻子则在琢磨，早知道能发财，当初就不该嫁给这臭磨豆腐的。寻思呀琢磨呀，之前快乐得很的小两口现在谁也没有心思说笑了，烦恼已经开始占据他们的心。更令小两口痛苦的是，为什么天上不能多掉几个金元宝呢，这样就能想买什么就买什么了啊！

生活原本没有太多烦恼，当欲望之火被点燃后，烦恼就入了心门；生活原本没有痛苦，当你开始计较得失，贪求更多时，痛苦便缠了身。所以，老子说："塞其兑，闭其门，终身不勤。开其兑，济其事，终身不救。"

实在是大智慧。

以前我遇到过一个学生，我问他想在市场赚多少钱。他说，自己本金大概五十万，每个月赚个一百万以上也就满足了。我们暂且不论他对交易收益期盼为何如此"魔幻"，也不论他的"也就"二字为何用得如此"清新脱俗"。作为一个本金五十万的普通"小散"，想每个月赚一百万以上，是欠了高利贷还是每天全家老小吃喝拉撒都必须要在总统套房？

钱究竟是不是好东西？从一般情理来说，是。但任何好的东西倘若不设限，人就感受不到拥有它的愉悦。

我记得小时候家里只有几盘动画片录像带，我反复看了可能有上百次，画质虽然不算清晰，但依然看得津津有味；一部电视剧电视台每天只放一两集，可能还是之前看过的，但依然搬个小板凳早早就在电视机面前等着。而如今互联网上的影视资源一辈子都看不完，我反而不知所措，再也找不到当初那种快乐。

钱本身没有多大罪过，它只是货币而已。但钱是死的，人是活的，人若是一辈子被死的东西所操控，那也差不多等于提前死了。

但道理归道理，如果有机会选择，相信多数人还是宁愿选择"钱多的烦恼"，也不愿意选择"钱少的快乐"。若三言两语就能让人"放下屠刀"，那岂不是人人都能"立地成佛"？

人世间很多事，终究是无可奈何。

《道德经》第五十三章的启示

使我介然有知，行于大道，唯施是畏。

假若我稍微有些认识，那么，行于大道时，必定小心谨慎，唯恐走入邪路。

大道甚夷，而人好径。

大道如此平稳，而人们却喜欢舍弃正路，去寻小径邪路前行。

说实话，喜欢"邪门歪道"是人的天性。一方面是出于好奇，一方面是想寻求"捷径"。对于一般人而言，没有比市场更神秘的地方了，而正是这个原因，其中的"邪门歪道"可谓多不胜数。过去我认为各种花里胡哨的技术属于"邪门歪道"范畴，但如今想来不算严谨。毕竟，有些人就是喜欢花里胡哨的东西，但只要交易理念是正确的，也是可以用的。倘若一定要拿着刀子逼我用欢花里胡哨的技术，我想对我的交易的影响也不会太大，就是有点费眼睛。

交易中的"邪门歪道"可以大致这样定义：一切以能盈利为诱饵，却在实际操作中无法严格控制风险的技术，皆属于"邪门歪道"！

简单来说，我们选择任何交易技术，都是要在风险可控的基础上再去考虑其合理性。那些教我们用重仓去搏的，或者看似有风控却难以实施的技术，皆不可取。

为什么我只强调风险，而不是盈利？因为世间所有事物每时每刻都在发展与变化之中，哪怕"明日即是末日"也存在客观可能性。

我反复强调，在交易中，风险是我们能控制的，我们拥有自主权；行情怎么走，却是市场说了算，对于盈利我们没有任何自主权，一切对于收益的预期，都是妄想。除非你的财力大到能影响到某个标的的走向。

老子在这章中为什么如此谨慎，要说"使我介然有知，行于大道，唯施是畏。大道甚夷，而人好径。"？因为，相对而言，"大道"是最合理的选择，是历经无数前人实践的检验，剔除所有的繁复，最好走的路。这条路是前人给后人铺好的。

交易技术中的"大道"，无非是一套最简单的交易逻辑：哪里入场？多少仓位？若是亏损哪里止损？若是盈利怎么止盈？

"大道"可以看上去很简单，简单到令人发指。当然，简单不代表薄弱，简单也可以是最高级的复杂，只不过因为其从繁到简的漫长过程被省略过了而已。所谓"大道至简"，就是这个道理。

而对于多数"邪门歪道"来说，为了吸引眼球，可以把技术弄得看上去很复杂。前面说了，这不算大问题，但关键在于他们常常对"止损"这条闭口不提。入场了就硬扛？亏多了就用"把答案留给时间"去敷衍或者直接装失忆。"邪门歪道"们也知道，一旦出现"止损"，就说明这套技术存在错误率，也就不"神奇"了。对此散户是无法容忍的——许多无知且贪婪的散户迷信的是"不会出错"的技术。

看似聪明，却聪明反被聪明误。倘若某个交易者真有一套不会"出错的技术"，那市场就不复存在了——市场存在即证明它的"不确定性"的真实有效，它能快速修复自身被"破解"的可能。也就是说，任何技术在市场实践中天生必有缺陷。

通俗点讲，市场一旦被某种技术战胜，它就会崩溃，为了不让自己崩溃，它便会及时"免疫"这种技术，和我们打疫苗产生抗体的原理一样。

说实话，也不怪市场中"邪门歪道"横行，不过是迎合人性而已。市场中老老实实盈利很难，卖课卖产品敛财却相对容易。

不仅散户"好径"，敛财之人也"好径"。

《道德经》第五十八章的启示

祸兮，福之所倚；

　　灾祸啊，幸福就倚傍在它里面；

福兮，祸之所伏。

　　幸福啊，灾祸就暗藏在其中。

所谓"塞翁失马焉知非福",《塞翁失马》的故事大家都听过吧:

> 边塞居民中,有位擅长推测吉凶的老人。一次,他的马跑到了胡人的住地。人们为此宽慰他。那老人说:"这怎么就不会是一种福气呢?"过了几个月,那匹失马带着一群胡人的良马回来了。人们为此前来祝贺他,那老人则说:"这怎么就不会是一种灾祸呢?"不久,他爱好骑马的儿子,从马上掉下来摔断了腿。这时,人们都前来慰问他,那老人又说:"这怎么就不能变为一件福事呢?"后来,胡人大举入侵,边塞健壮男子都被迫拿起武器去作战,非死即伤。其子因为瘸腿免于征战,父子俩一同保全了性命。

老子这章告诉我们"福祸相依"的道理。

从心理的层面来说,有很多交易者赚钱后(福)反而膨胀(祸),亏钱后(祸)反而反省(福),也是"祸兮,福之所倚;福兮,祸之所伏"。

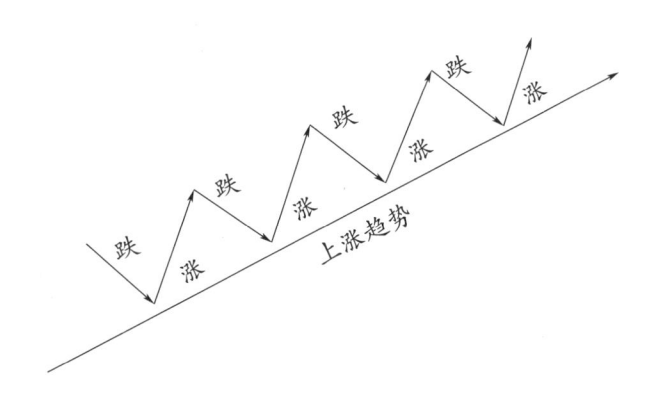

比如,有的交易者赚了一点钱,甚至还没开始赚钱,人就开始飘了,看到市场中每天跳跃的红红绿绿的数字,幻想有了钱就一味地挥霍,一味地炫耀,仿佛是在变相告诉全世界,自己如今有多么嚣张,当初就活得多么窝囊。别说豪车、豪宅、私人飞机,如果宇宙飞船有卖,也恨不得买两艘在长假期间开到高速路上堵着,再当着所有人的面点火起飞。

再比如,真正让我在交易中成长起来的,从来不是盈利单,而是那一张张不堪回首的亏损单。甚至,我现在更多的是想感谢那段暗无天日的岁月,当时以为自己"过不去"的绝望与迷茫,如今却成了最宝贵的经验。倘若没有一笔笔亏损的"毒打",我也不会跪地求饶,放下执着,"皈依"市场。

从技术分析的角度去看,一段正常的上涨趋势也很少一蹴而就,往往都是"福祸相依",或者说"涨跌相依"。

因此,若是做股票,涨不代表"福",跌并不代表"祸"。"福"中可能有"祸","祸"中也可能有"福"。涨中有跌,跌中有涨,市场走势波动再正常不过。最后还是要结合趋势方向和风险控制等个人交易系统,综合判断利弊。

《道德经》第六十章的启示

治大国，若烹小鲜。

治大国好像烹小鱼，不能常常翻动。

烹饪过鱼的人都知道，若是经常来回翻动，鱼就会碎。治国施政如果重叠多余，朝令夕改，人民就会疲于应付，苦不堪言。因此，明君治国就像"烹小鲜"一样，都好静而少作为，无为而治。治国如此，做交易也一样，要懂得不瞎折腾，不妄动。

某期货公司做过一个统计：平均每天交易10次以上的客户，三年平均收益率是 –79.2%；平均每天交易5次以上的客户，三年平均收益率是 –55%；平均每天交易一次以上的客户，三年平均收益率是 –31.5%；平均每天交易0.3次以上的客户，三年平均收益率是12%；平均每天交易0.1次以上的客户，三年平均收益率是59%。

无论是做期货还是股票，奉劝大家尽量不要做短线。

短线因为资金介入相对较小，因此波动更加随机。在随机性太强的市场中，任他技术再好，也很难长期持续盈利。今天可能赚很多，明天又会亏很多，来来回回这样倒腾，一年到头其实也没什么收获。

当然，短线对于新手来说充满诱惑。短线有其积极的一面，能帮助我们更快地认识和适应市场，磨炼自己的交易技术。但若是想让交易走向正轨，对于普通散户来说，"做交易，若烹小鲜！"

在有风险控制的前提下，交易者随着交易年限的增长，时间周期往往会越做越长。这看上去很简单，真正做起来却不容易。

短线之所以受大家欢迎，其中重要的一个原因是它能"及时满足"，就是很快揭晓交易的结果，满足人们交易的欲望。而较长周期的交易，更考验交易者的定力与耐心，这相当于"延迟满足"。而关于延迟满足，心理学上有一个著名的"棉花糖实验"。

二十世纪六七十年代，斯坦福大学教授沃尔特·米歇尔先后选择了600名3~6岁孩子，做了"棉花糖实验"：

第一批有32个孩子参加，最大的5岁8个月，最小的只有3岁半。孩子们可以选择一样食物（有时是棉花糖，也可以是曲奇饼、巧克力等等），然后被要求在这个充满诱惑的美食面前做出选择：

1. 如果能坚持15分钟不去吃掉面前的食物，那么15分钟之后会被额外奖励一块。

2.如果没坚持住吃掉了，那就没有额外的奖励了。

然后米歇尔教授离开，房间内的摄像机记录下了孩子们面对诱惑的各种真实表现。

时间到了，结果差不多有三分之一的孩子真的坚持了15分钟，并且得到了额外的奖励。三分之二的孩子在15分钟内吃掉了食物。

1986年，实验小组回访了那批获得额外奖励的孩子，发现他们在很多方面比同龄的孩子表现优秀；

1990年，又有一次跟踪调查，发现当年通过实现"延迟满足"得到额外奖励的孩子，在SAT的考试中成绩比同龄人更加优秀；

2011年，那批得到额外奖励的孩子已经步入中年，第三次跟踪调查发现，在事业生活方面，他们与同龄人相比的确相对来说比较成功。

"延迟满足"当初让我对交易有了新的认知，也明白了有些优秀的交易者为何能持有一只股票数年，甚至数十年。

当然，这里也不得不顺便提醒一下，长周期持有不代表被套"死扛"，这是两码事。以"价值投资"出名的沃伦·巴菲特先生，也不是某只股票无论亏成什么样了，也坚持持有无论亏得多惨都坚持持有，这是散户对巴菲特的误解，当然也可能是给自己深套找一个继续持有的借口。

比如，巴菲特在2020年的"股东大会"上就宣布：已经清仓所有航空公司股票。按照当时的投资市值约185亿美元计算，巴菲特仅在航空股上的亏损就达到了120亿美元。由此看来，巴菲特他老人家做交易也止损！只不过他由于投资金额庞大，在买入和卖出时候的出场标准，与我们散户不太一样，往往是由他与公司"智囊团"商议决定的。

接受"延迟满足"是一个成熟交易者的标志之一。关于这一点，我不太愿意接受反驳。当然市场依然有一些能盈利的"短线炒家"，但因成材率太低，不建议一般散户效仿。

《道德经》第六十三章的启示

天下难事，必作于易，天下大事，必作于细。

凡是天下的难事，一定从容易的地方做起；凡是天下的大事，必定从小事做起。

这个市场能稳定盈利的人是极少数，但很多散户刚刚接触交易，就想要大赚，其实是不现实的。老子说："天下难事，必作于易，天下大事，必作于细。"中国民间有句俗话："饭要一口一口吃，事要一件一件做，路要一步一步走。"所以我们做交易一开始要从大亏做到小亏，从小亏做到保本，再从小亏到小赚，才有大赚的机缘。其中每一个阶段可能都是一个漫长的过程，不夸张地说，很多人一辈子都无法做到稳定盈利。

这该如何做呢？

清人彭端淑的《为学》中讲了一个故事：

> 四川的边境上有两个和尚，其中的一个贫穷，另一个富有。
>
> 一天，穷和尚对富和尚说："我想去南海，你觉得怎么样？"
>
> 富和尚问："您靠什么去呢？"
>
> 穷和尚说："我靠着一个水瓶、一个饭钵就足够了。"
>
> 富和尚说："我几年来一直都在想雇船往下游走，还没有能够去成，你靠这个就想去？"
>
> 到了第二年，穷和尚从南海回来了，并告诉富和尚此事，富和尚显出了惭愧的神色。

其实许多所谓的大事正是如此，看上去老虎吃天，无从下口，那是因为你心浮气躁，只看到了结果，而忽视了过程。实际上，如果你能够静下心来，将大事分拆成一个个的步骤，然后一步步地去做，完成这些小步骤，其实并不难，然后积少成多，一个个小步骤完成了，这件大事也就做成了。

以交易为例，只要你坚持不懈，持之以恒地去坚持自己那套简单的交易系统，其间不断完善，你会发现自己不知不觉间已经接近甚至做成那个当初看来可望而不可即的"大目标"了。

有些新手散户，嫌在股票市场赚钱太慢、不够刺激，连股都没炒好，就去选择期货、期权或者外汇这类杠杆较大的市场。这好比玩游戏直接跳过"简单模式"，一上来就选择"困难模式"。当然，不是说选择"困难模式"不行，但要提前做好"粉身碎骨"的心理准备。

我当初就是在股票都还不是炒得很明白的情况下，去选择做了期货，结果可想而知。如果说股票市场只是小刀子割肉，那期货市场就是"绞肉机"。

记得我第一次期货爆仓的时候，几乎亏掉了多年来所有的积蓄，脑子一片空白，说是生无可恋，一点也不夸张。那是一段漫长的煎熬，本来从一个很小的仓位开始亏损，亏到账户保证金不足，想再坚持坚持，就去取钱追加保证金。越亏越不甘心，就这样一次次直到把所有可以用到的钱全部填进了期货账户，后期甚至还有段时间我到处找人借钱，还好大家都比较理智，知道我在炒期货，没有借给我。结果回头一看，我当时遇到一段相对比较大的行情，我一直在逆势加仓，倒在了半山腰，如果我借钱一路死扛，可能早已负债累累。

看上去如此愚蠢，如此不可思议，当时自己却又如此疯狂。

期货虽然教会了我敬畏市场，让我快速成长。可是我相信这样极端的成长方式，不是每一个人都扛得住的。这条路上"尸横遍野"，有太多人倒在了路上，甚至包括很多真正的有钱人。

所以按照正常的成长方式，我还是推荐交易者从"简单模式"开始做起。毕竟，我是幸运的，自己有点悟性，加上当时没有借到钱，身边也有人劝。倘若那个时候我负债累累，后果不堪设想。

《道德经》第六十四章的启示

合抱之木,生于毫末;

合抱的大树,生长于细小的根芽;

九层之台,起于累土;

九层的高台,筑起于每一堆泥土;

千里之行,始于足下。

千里的远行,是从脚下举步开始走出来的。

在交易中，再大的趋势也是从一颗"小种子"发展而来的，犹如"合抱之木，生于毫末"；再多的利润也是像建高楼一样，从地基开始打，慢慢累积，犹如"九层之台，起于累土"。

老子说的"千里之行，始于足下。"早已家喻户晓。而后人还造了一句"千里之堤，毁于蚁穴"与之相对应。这几句道理都一样，反而"千里之堤，毁于蚁穴"用在交易中更有警示的作用。因为往往一次要命的破产，就只是因为没有执行一个小小的止损造成的！

大家都知道，一个合格的交易系统，"止损"必为其中重要的组成部分。这里有一个问题，所谓止损，是我们这次亏出去的资金，那么我们在之后的交易中，如何把上次止损的资金扳回来呢？这里面其实存在着一个跨度非常大的难度等级：

资金亏损回本参考表	
亏损比例	回本需要涨
10%	11.11%
20%	25%
30%	42.86%
40%	66.67%
50%	100%
60%	150%
70%	233.33%
80%	400%
90%	900%

相信这个表大家都能看懂。我也知道很多散户做交易，根本不会提前考虑自己可能会亏损多少，要赚多少才能回本的问题，因为他们认为自己进入股市就肯定会赚钱，绝不会亏钱。于是，他们遇到亏损就一路死扛，殊不知自己回本的难度在哪一档。

我记得十多年前，我爸慎重地把他操作多年的股票账户交到我手中，让我帮他平时盯一下，看看多久能回本。

说起我爸，他也是一位具有代表性的中国初代老散户，至今不会看股票走势，选择股票全靠听股评消息，买卖还在用电话交易。当时我打开他的账户，顿时吓了一跳，一共持有五六只股票，最低亏损的一只股票好像是百分之四十五点几，最多的一只达到百分之六十点几。怪不得他捂了这么多年，一点风声都没有透露给我老妈，否则以我老妈那个脾气，可能要把他按在水泥地上摩擦，多年的肾结石都给他打出来！

当然，那个时候我虽然对交易亏损回本难度没有这么具体的概念，但隐约也觉得没有什么回本的希望，于是一口气把他这些亏损死扛的股票全部卖了，与其说是帮他止损，倒不如说割他的肉。

"割肉"之后，我爸好几天没有理我，但我也看出来他也释怀了不少，毕竟捂着亏损的股票这么多年，心理负担也大。有时候明明很开心，笑着笑着，突然一想到自己的股票账户，脸就瞬间垮了下来，像个情感障碍患者。之后几年，我慢慢帮我爸的账户炒了回来，我爸就远离了股市，生活中也不会笑着笑着就垮脸了，我感到很欣慰，我感觉自己治好了一个病人。

回到原话题。大家可以看到，"亏损回本参考表"的第一栏，相对其他，回本难度是最低的一档。亏损10%，只需要赚回百分之11.11%即可。也就是说，你有100元，亏了10%，也就是亏了10元，只需要用剩下的就是90元赚11.11%即可回本。

这就是为什么很多专业交易者提倡一次账户亏损最大不超过10%的原因。因为好翻身！这点对于交易者来说极为重要。一旦超过这个值，不加以控制，难度会以恐怖的比例加大。大家可以看到，亏损超过50%，翻身的难度就必须是利润翻一番；亏损超过70%，基本翻身无望（除非注入大量新的资金，去掩盖亏损的数额，不过这种做法完全是自欺欺人）；这里大家特别要注意，当亏损来到90%，需要翻9倍才能回本的时候，个人感觉比亏光了还难受。抱着虚无缥缈的希望比干净利落的"死亡"更加让人崩溃。大家以为这样的人没有吗？多着呢！但谁又会去到处说呢？

因此，我们玩交易这样的游戏，聪明的做法，就是把风险控制在"亏损回本参考表"的第一栏，这样才能有最大可能保证本金的安全。风险的控制本质上就是降低游戏难度，让我们处于良好的生存环境中。

可能有人问，亏损20%或者30%看上去也没有那么可怕嘛。这里我想说，大家千万不要忽视人性的侥幸，侥幸往往是万劫不复的开始。一旦你开始放任亏损，你的侥幸心理也会随之加重，因为30%离40%也感觉不远，40%离50%也好像不远，以此类推……当真正的绝望来临之前，你也许不会意识到自己已身处"地狱"的深处，难以救赎！

《道德经》第六十七章的启示

我有三宝，持而保之：

我有三种宝贝，是应当永远持有保持的：

一曰慈，二曰俭，三曰不敢为天下先。

第一是慈爱，第二是俭朴，第三就是不敢居于天下人的前面。

老子说的这"三宝"之中的"慈"和"俭"无须多言,我想幼儿园小朋友都知道,此乃中华传统美德。这里重点聊聊"不敢为天下先"。

我们很多人做交易,一点点利润都生怕错过,抄底逃顶都恨不得在最低点和最高点,贪婪之心可见一斑。而成熟的交易者,倘若做多,往往要等上涨趋势走明朗之后,才找机会入场;上涨趋势反转以后,才找机会出场,放弃底部和头部那部分利润。虽然在有些"斤斤计较"的人看来,这是"反应迟钝"的表现,但却蕴含了"不敢为天下先"的智慧。

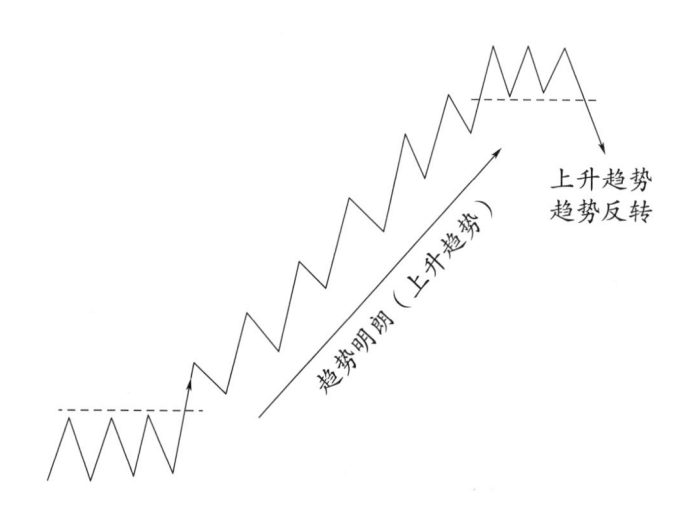

多数中国人相对来说不太爱"出风头",我们是一个"不敢为天下先"的民族。但不知道是不是在生活中压抑得太久,进入市场后,很多散户却变成了"敢为天下先"——喜欢自作聪明,冲在前面,在趋势形成之前就提前进场。

这就好像,一锅饭还没有煮熟就急不可耐揭开锅大快朵颐。所以说,很多散户在市场中"拉肚子",账户金额一泻千里,到头来还怪市场骗他们。也不反省一下自己之前是不是吃了"夹生饭"。甚至在市场中,不是每个锅里煮的都是米,很多时候还可能是伪装成米的蛆。所以,大家尽量看清楚再下嘴。

当然,就算吃错了,及时吐出来止损也就好,没什么大事。千万别吃错了还大口往下咽。

做交易,别把自己逼得太紧。

《道德经》第六十八章的启示

善为士者，不武；

> 善于带兵打仗的将帅，不崇尚勇武。

善战者，不怒；

> 善于打仗作战的人，不会轻易被激怒。

善胜敌者，不与；

> 善于胜敌的人，不与敌人正面冲突。

金庸小说里的所谓"大侠"们，常常一言不合就动了刀枪。一旦动了刀枪，就要有伤有亡，付出惨烈代价，鲜活的生命瞬间消亡。冤冤相报，父债子还，常常是这些小说背后的主线，一代的冤仇，被后代铭刻在心，代代相传，仇杀之声，不绝于耳。西方贵族崇尚决斗的风尚，也是由来已久。说白了，人性还是相近的。被誉为"俄罗斯诗歌的太阳"普希金，便是一言不合便决斗的人，一生经历决斗不下30次，最终死于决斗，年仅38岁。

说回交易。很多散户做交易把市场当成自己最大的敌人，继而把"战胜市场"作为自己的交易能盈利的首要条件。我们这里暂且不讨论"战胜市场"这个梦想是否理智。倘若我们真的把市场视为对手，那么这一章老子告诉了我们打仗的智慧。

"善为士者，不武"——哪怕真要和市场对垒，也尽量不要勇猛，战争一向讲究能不动手就不动手。就算真动手，那散户也如吉娃娃打航母——就我们那点资金，丢进市场荡不起一丝涟漪，也就自己觉得自己放荡不羁。匹夫之勇，难成大器。要"自我修行"，最终成为一名"热爱和平"的成熟的交易者。

"善战者，不怒"——做交易发脾气就更没有必要了，发脾气吃亏的是自己，气大伤身，气糊涂了还会乱操作，亏得更多，得不偿失。重点是自己生气又气不着市场，市场又不是一个活人，和它生气犯不着。

"善胜敌者，不与"——不要与市场发生正面冲突，什么逆势死扛加仓，虽说也有侥幸，但长此以往，最后受伤的一定是自己。当然，不发生正面冲突也不代表我们可以从侧面"偷袭"市场，以为自己活学活用《孙子兵法》。千万不要妄想钻市场的空子。这么说吧，真正能够有效"偷袭"市场的方法都写在《刑法》里了。

《道德经》第六十九章的启示

用兵有言:"吾不敢为主,而为客;不敢进寸,而退尺。"

用兵的人曾经这样说:"我不敢主动进犯,而采取守势;不敢前进一步,而宁可后退一尺。"

我知道，老子这里说的"吾不敢为主，而为客；不敢进寸，而退尺"听起来多少有些软弱无能。但交易本身就是"失败者的游戏"。

此话怎讲？

我身边有这样的人！每次交易赚了钱就无法压抑自己的狂喜，到处炫耀！亏了钱就闷不吭声，自唉自嘲。如此循环，也不长一点教训。

这是对交易缺乏起码的正确认识的表现。

索罗斯说："要面对现实，认识错误是其中最重要、也最困难的一步。多数人以为，认错是羞耻的来源，但实际上，只要能认识'不完美的理解'是人类的常态，就不会觉得认错有什么好丢脸的。

交易的本质实际上就是犯错，犯错伴随着我们觉悟成长。在我们交易一帆风顺的时候，其实很难学到什么东西，多数人只会膨胀，产生"我就是股神"的幻觉。

做交易不在于你对未来的行情看对或看错，而在于你看对时有没有赚大钱，看错时有没有亏小钱！趋势交易者赚钱的秘诀就是：善输，小错，大胜。

交易者通常不知道交易实际上是"失败者的游戏"，那些看上去最善于"输"的人（注意是"看上去"）——也就是"吾不敢为主，而为客；不敢进寸，而退尺"的人，最终才有赢的可能。成功也总是偏心于那些善于"输"的人。

在一个像交易这样的"失败者游戏"中，直到被证明正确以前，我们都要假定我们是错的。当然，当我们的交易正确时，我们可以什么也不做；而当我们的交易不正确时，却不能袖手旁观。

我猜这一篇文字有很多人看不懂，但是没有关系，都看懂了，市场赚钱的人就不会是少数。

做交易要想赚钱，赚大钱，就要拿住大趋势。一年遇到一两次大趋势都其实很不错，股票能赚个百分之几十，期货能翻个几倍，那就已经要跪谢苍天了。而要抓住这样的趋势，不是眼睛一闭，掐指一算，一下单，就成功的。我们在抓住这样的趋势之前，可能要多次试单止损，要习惯于这样的"失败"。就像行军打仗，你会先派一队先锋去探路，如果有陷阱，大军停止前进，你最多损失几个先锋，无损整体实力。

大部分"菜鸟"对成功交易的理解就是高胜率+重仓+频繁交易，下单就要下重注、赚大钱，并且，最好每天都赚。看上去很诱人是不是？

　　在我看来，只有临时工，收入才日结，因为未来工作无法保障，日结踏实。而真正的大佬，都是谈年薪。你们见过那个公司的CEO每天提个包包去上班，下班到财务那里领钱放到包包里工资日结的？这个公司是准备随时跑路吗？交易也是同样的道理，我们做交易一般看的是这一年的盈亏情况。不是今天赚了多少，明天又赚多少，搞什么短线大法！

　　短线交易者认为自己有一套高成功率的技术，要求每天都有收入。稍微头脑清醒的人都知道，这种技术是不存在的，就算理论上存在，它的反脆弱性也极低（存在亏大赚小的风险，成功率就是这样来的）。

　　但总是有人自作聪明，整天就想着去抓住市场的漏洞，从中牟利。梦想每天都做超短线，每天都日结，积少成多，一年下来几十倍上百倍的利润。如果真能这样，几年下来世界首富他都不用放在眼里。

　　前面说过，那些超级电脑都无法抓住市场的漏洞，但有些人就是相信自己凭借一副肉身、一台破电脑或者手机、民用网络和在人群中找不到任何亮点的平凡智商能在市场快速捞金。一个人要对自己拥有多么扭曲的认知，才能如此自信！

　　由此可见，市场中有太多真正的失败者是尝试提前站在成功者的角度去看待交易，他们以为自己看到的就是真相；而讽刺的是，真正的成功者却是在以"失败者"的方式去做交易。看似平平无奇，看似让人着急，最后却可能大有作为。

《道德经》第七十章的启示

吾言甚易知，甚易行。

　　我的话很容易明白，很容易实行。

天下莫能知，莫能行。

　　可是天下人却不能明白，也不肯照着去做。

记得有两年基金很火爆，我有一个朋友买了不少，最多的时候盈利达到了百分之五六十，于是就跑到我这里来炫耀，说我做了这么多年交易，平均收益还没有他那年随手买的基金赚得多，问我他算不算"基金小王子"。当然，这只是我们之间开的玩笑。其实他是想咨询我那个时候该不该出场。我给他的建议是，未来市场走势谁都无法准确预测，目前你可以在已经盈利的基础上给自己账户定一个回撤出场值，比如利润回撤10%或者15%，最好不要超过20%，这样不仅能保护好自己的大部分利润，还能容忍市场一定范围的震荡。他当时满口答应，还说我讲得很有道理。结果过了差不多大半年，这个朋友告诉我，他后悔当时没有听我的建议止盈，现在不仅利润全部没有了，本金还倒亏30%左右。

所以，现实往往是，虽然我们明白如何操作相对合理，但该止盈（或者止损）的时候，却经常下不去手。

知道了道理却不按道理去做，那就等于不知道。道理在人性面前总是显得那么卑微。

王阳明当初提出"知行合一"的理念，不是想让后人只是嘴上传颂，或者去写一大堆文章研究，而是恨不得跳起来给大家一脚，让大家赶紧去行动！

为什么知行合一如此之难？

很现实的障碍就是缺乏经验和教训的累积与深刻体验。我们拿重要的"止损"概念来说，理论上看起来再简单不过，是一分钟就能搞明白的事情，但很多人在实际操作中恰恰是这样的情况：

眼睛：懂了。

脑子：懂了。

手：我就不！

知行不能合一，对不对？

但比如对于一个自己摸索多年交易却一直迷茫的人来说，止损却有可能使他恍然大悟，因为他的投资经历（可能之前信奉的是基本面投资之类学院派理论）中就差止损这一环就能避免很多类似的失败发生，这样的人回去以后把止损加在自己的交易中，是欣喜的，是很有执行力的。这就能做到真正的知行合一。

回头来看，大多数无法做到止损的人，不知道自己真正需要止损这一环，经验和教训都还不够达到理解止损的真正的含义。他们止损的需要不是很迫切，对市场还有很多妄想和执着。

说到这里，也许有人会说，不，我懂止损，止损是能保护资金安全，但是实操时自己老做不好。

这样想，说明其实他还是不懂。真正懂止损的人，必是果断与坚决的。就像经历过重大地震灾难的人，一旦在今后的生活中，房屋或者地面有一些非正常的小晃动，一定是第一时间跑到安全的地方。

为什么？因为他们见过"地狱"，他们想要活下去！

敢于果断止损的人，一定吃过大亏。但是，光吃过大亏还不够，因为很多人做交易都吃过大亏，却依然在亏，还要加上极深的痛苦。有的人还会说，我已经够痛苦了却还是没有学会知行合一！

这说明他还不够痛苦。

大家对此不要有误解，不要觉得非要亏很多钱或者经过很长时间才能有所领悟。

痛苦可以是瞬间顿悟的。比如，绝大多数人一生摸一次火，就会留下极为深刻的记忆，再也不会去主动尝试第二次。而很多人所谓的痛苦，也许只相当于连真正的火都没有摸过。那何谈"知行合一"？

股市不过相当于一锅温水，没有杠杆，不会爆仓。水温烫一些的时候，泡着是难受，胸闷气短出汗，但泡出来发现，搓下来的最多只是身上泥带点皮。离脱胎换骨还差得远。所以，要在市场中真正做到"知行合一"，何其难哉。

《道德经》第七十一章的启示

知不知，上；

  知道自己还有所不知道，这是很高明的。

不知知，病。

  不知道却自以为知道，这就是很糟糕的。

小说《遥远的救世主》中主角丁元英说过人的认知的四个层次，稍微比《道德经》分得细一些，但意思差不多。做交易就是做人，套用人认知的四个层次，十分合适。

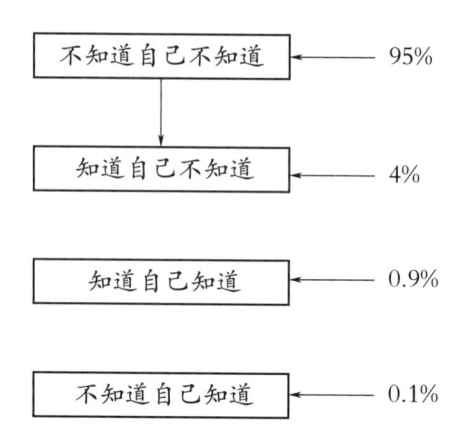

```
不知道自己不知道 ← 95%
      ↓
知道自己不知道 ← 4%

知道自己知道 ← 0.9%

不知道自己知道 ← 0.1%
```

第一层次：不知道自己不知道——自以为什么都懂，其实什么都不懂，狂妄自大或者愚蠢无知。

很多做交易的人刚入市的时候，把交易想得太简单，以为听某个"高手"的建议或者自己随便研究一番，就能赚钱。殊不知这是"人吃人"的地方，天真地来，伤心地回去。

这些人几乎都是散户，自大和无知是他们的本质特点。这样的人在市场中占八九成左右。

第二层次：知道自己不知道——对未知领域充满敬畏，准备丰富自己的知识库。

亏钱以后，开始对市场有了一些畏惧，开始学习了，到处找书看或者上课，我相信读者朋友很多处于这个层次。

如果大家没有赚钱，请不要着急，因为你们至少愿意去学习。懂得敬畏市场，就是一个不错的开始。

不要以为这样的人很多，在市场中最多也就占一二成的样子。

所以，处于这个阶段的朋友算是很不错的，过了三十岁还愿意学习，不懒惰不放弃还有进取心并且正在行动，我认为就已经算是精英了。

第三层次：知道自己知道——抓住了事物的客观规律，提升了自己的认知。

这类交易者已经掌握了一定的交易方法，有了一个比较成熟的交易的系统，并且累积了相当多的交易经验，对自己的交易方法也有一定程度的了解和执行力。一般交易到这个程度来说，只要坚持下去，离盈利就不远了。

到这个程度的人数已经少到可以忽略不计了。

能把认知付诸行动，并且严格遵守，在交易中已是稀有，做过交易的人都知道是多么困难，很多人一生都无法越过"知行合一"这层障碍。

我甚至知道有些人爆仓无数次，亏得倾家荡产，都无法逾越过去。并且，这样的人是知道自己的问题所在的，但是他就说自己是一个赌徒，没有回头路了，没有救了。其实，哪有没有救的人，只有自己放弃自己的人。

第四层次：不知道自己知道——敬畏谦卑，无知胜有知，是最高境界的认知。

市场是无法预测的，我们每一个人的交易系统都只是在以过往经验试图抓住市场某一种类型的"规律"，比如，有的人喜欢抄底摸顶，有的人喜欢做突破，有的人喜欢做回调，有的人喜欢做震荡，有的人喜欢做逆势，还有时间上的短中长区别等等。

每一种交易风格都有其成功率和失败率，而关键是如何控制风险，以小搏大，不断试错。而前人的经验告诉我们，顺势＋小止损是一种简单有效并且应用较广、容易执行的交易方案。

当然，这一切都只是一种特定的手段，做交易想要成功（只指盈利），其实也够了。而面对混沌的市场，无招胜有招，永远谦虚谨慎，是最高境界。这种无招胜有招不是没有规则，而是在规则内随心所欲，心无挂碍，也就是达到"随心所欲而不逾矩"的境界。

当把技术与规则融入血液，根本不怕止损，也不可能爆仓或者大亏（交易中所有的噩梦都是源于放弃了安全措施，舍身一赌）。而要达到这种境界，没有二三十年的磨炼，是不太可能的。连杰西·利弗莫尔那样十几岁就开始靠交易为生的天才，到最后也是经历了几十年的磨砺，大起大落，才成为大作手。

赚钱太早的往往都会还回去，因为他的觉悟还配不上他的资金。所以，"天才"二字在交易者中并不一定是好事，该走的路到头来还是要走。

第四种层次是所有交易者都在追求的认知境界，没有人敢说他达到了，因为这种境界的人就算达到了自己也不会知道,他永远是谦卑的,在市场面前永远知道自己是渺小的——大师永远怀着一颗学徒的心;而他本身又是成功的,是稳定盈利的。面对每一次交易的成败,不狂喜也不焦躁,皆平静喜乐。

若是交易做到第四种层次,人生也入了大道,夫复何求。

《道德经》第七十三章的启示

勇于敢则杀,勇于不敢则活。

> 勇于表现刚强的人,必不得善终;勇于表现柔弱的人,则能保全其身。

此两者,或利或害。

> 这两者虽同样是"勇",但勇于刚强则得害,勇于柔弱则受利。

这章老子说了一个比较深奥的道理。

我们一般人往往认为"勇"代表的是刚强，可原来勇于表现柔弱，也是一种"勇"。而且他老人家的意思是，勇于表现刚强的人是"愣头青"，不得善终；勇于表现柔弱的人，则能保全其身。

我们可以这样理解，"勇于敢"的人是"有勇无谋"，如《三国演义》中的武将吕布，勇猛无敌，却终被曹操轻而易举地击败并处死了；"勇于不敢"的人是"有勇有谋"，如《三国演义》中的谋士司马懿，敢于装疯卖傻，最终司马家却一统天下。又如《红楼梦》里的晴雯，平时做事就非常张扬，在宝玉房里总是奚落这个奚落那个，甚至有时生起气来，连袭人都敢数落一番。结果后来贾府衰败，面临"裁员"，她第一个被推到了王夫人面前，在面对王夫人的追问时，她更是没有半点收敛的意思，依旧像是和从前在宝玉那里一样耍小性子，最终激怒王夫人，在平时老是受她气的王善保的教唆下，被赶出了大观园，不久就因病去世了。如果晴雯当时能够收敛一些，像其他丫鬟一样能够学会审时度势，她的下场或许就不会就不那么悲惨了。

"勇于敢则杀，勇于不敢则活。"用在交易中最合适不过。"勇于敢"的交易者往往犹如流星，容易"英年早逝"；而"勇于不敢"的交易者却能在市场中默默干到退休。

从操作上来说，"勇于敢"的交易者喜欢频繁交易加重仓，亏损就死扛，虽然偶尔一次赌对了可能很风光，有心者添油加醋地大肆宣扬，让贪婪的无知者们纷纷追捧效仿。但此法运气成分过大，就像买彩票，我们看到的成功者皆因"幸存者偏差"，而众多失败者犹如"无名英雄"一般无人宣传也无人知晓。散户用此法，结局可想而知。而"勇于不敢"的交易者在操作上善于耐心等待时机，轻仓或者有盈利再逐步加仓，善于风险控制，不追求暴利。看似柔弱，却能在市场中找到"诗和远方"。

《道德经》第七十六章的启示

人之生也柔弱，其死也坚强。

当人活着的时候，他的身体十分柔软灵活，可是他死后身体就会变得枯槁僵硬。

万物草木之生也柔脆，其死也枯槁。

万物草木生长的时候形质是柔软脆弱的，死了之后就变得干枯残败了。

故坚强者死之徒，柔弱者生之徒。

所以坚强的东西属于死亡的一类，柔弱的东西属于生长的一类。

老子强调"坚强者死之徒，柔弱者生之徒"，我们可以将其用在做交易挑选标的之时。

暂且把涨跌放到一边，单从标的的选择上来看，应尽量选择"活"着的标的——走势活跃的、流动性强、成交量相对大的标的，简单来说就是玩的人和钱都多的标的。单从文字上说不好理解，我们看两组对比图：

图1可不是一个挣扎在死亡边缘的病人的心电图，而是期货某个冷门品种的主力合约一周的走势图。没有比较就没有伤害，图2是一个期货热门品种的一周走势图。

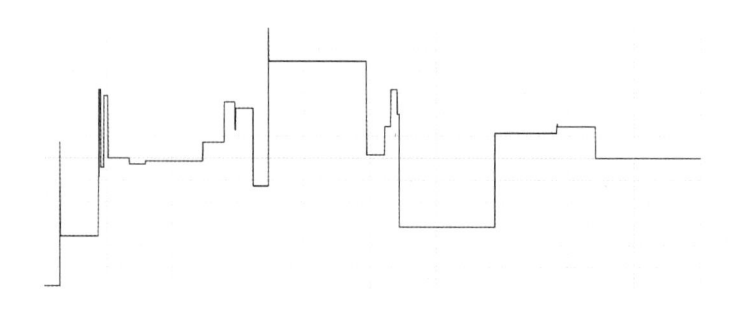

图1

图2

同样是两幅对比图，股票方面走势稍微没有那么极端。图3是某成交量很小的ST股票的3天走势图；图4是某成交量巨大的著名大盘股的3天走势图。

大家看，图2及图4中的这类标的，才是我们首要考虑选择交易的，它们是走势"活跃"和"柔弱"的标的。

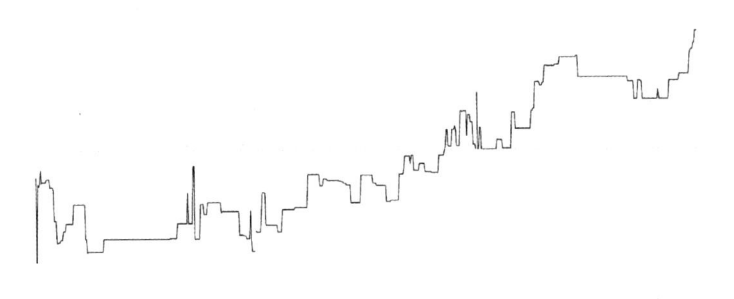

图 3

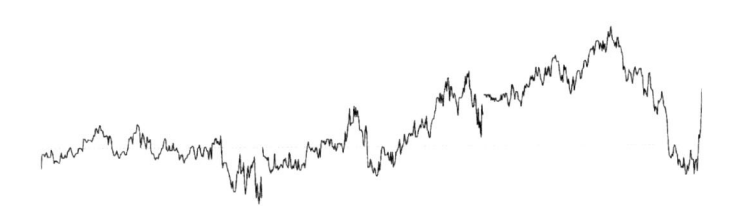

图 4

而倘若我们选择图 1 及图 3 中的那类走势"冷清"和"僵硬"的标的，连对手盘都很少，且不说走势连不连贯，只要资金稍微大点，我们就进去当主力了——上个主力赶紧把筹码转移给我们，自己"跑路"了。之后我们想出场都没有人接盘，难不难受？有没有种和此标的白头偕老，甚至"同归于尽"的感觉？

《道德经》第七十七章的启示

天之道，损有余而补不足。

　　自然的规律是减少有余的和补给不足的。

人之道，则不然，损不足以奉有余。

　　可是社会的法则却不是这样，要剥夺不足的用来奉养有余的。

《道德经》第七十七章的启示

意大利经济学家帕累托于1906年提出了关于意大利社会财富分配的研究结论：20%的人口掌握了80%的社会财富，这就是著名的"二八法则"。看上去不公，看上去让人愤慨，却也是现实。两千多年前老子就已经说过"人之道，则不然，损不足以奉有余"——少数人占有多数的社会资源，倘若不加以控制，富有的人会越来越富有，而穷人则会越来越穷。

市场更是如此，甚至更加残酷。

股市向来有"一赚二平七亏"的说法，从长期统计上看也差不多，接近于"九一法则"。也就是说，在我国炒股，10个人里面能长期稳定盈利的只有1个。从数据上看，竞争难度似乎不算太大。但这10个人当中，不会都是散户，还有机构投资者（从事企业、基金投资等）。这就好像10个人比赛并排起跑，其中有大爷大妈，有青壮年，有普通人，有职业运动员。这个比赛并不是同年龄段、同级别的公平竞争，想要在其中脱颖而出，难度可想而知。股市尚且如此，期货期权等市场就更加"血雨腥风"了。所以，来市场中做交易，一定要先认清现实，有自知之明。

然而，很多人在没有接触交易之前，觉得自己一定行，必是"天选之子"，就像我当初一样。这个没有关系，做一段时间之后，交易者多少对自己和市场有了新的认知，也要扪心自问，交易究竟适不适合自己？是退出还是继续坚持？当然，这里所谓坚持，是感觉自己有戏，需要加强学习和"修行"，而不是指深套之后"摆烂"。

毕竟，市场中有些"大冤种"人还活着，账户已经死了，交易的心也死了。这就没有必要再挖出来"鞭尸"了——劝他的人痛苦，他自己更痛苦。

《道德经》第七十八章的启示

天下莫柔弱于水，而攻坚强者莫之能胜，以其无以易之。

  天下最柔软的莫过于水了，但攻坚克强却没有什么东西能胜过水的，因而水是没有事物可以代替得了的。

弱之胜强，柔之胜刚，天下莫不知，莫能行。

  弱小的能战胜强大的，柔软的可以战胜刚强的，天下没有人不知道这个道理，但就是没有人能这样做。

《道德经》第七十八章的启示

本章所表达的意思可能比较难懂。我先用现代产品做一个科普：虽然水是柔弱的，但目前世界上最锋利的刀之一，却是"水刀"。"水刀"即高压水射流切割技术，用于航空航天军事工业。当然，古代没有水刀，但"滴水石穿"大家都听说过吧。从《道德经》第三十六章及七十三章"柔弱胜刚强"的描述中可以看出，老子对水和"柔弱"的概念是很推崇的——天下至强的事物也许表面上却是天下至弱。

我记得李小龙当年在一部外国纪录片中有这样一段对水的描述，很有哲理：

> 一个好的武术家就像水一样。为什么？因为水是无形的。因此，你抓不住它，也无法用拳头击伤它，所以像水一样柔软灵活吧。清空你的思想。无形无式，如水一般。将水倒入杯中，它变成杯的形状。将水倒入瓶中，它变成瓶的形状。将水倒入茶壶中，它变成茶壶的形状。水可静静流淌，亦可猛烈冲击。像水一样吧，我的朋友！

我认为，拥有这样的思想境界是李小龙成为一位伟大的武术家，而不仅仅是一个武术演员的原因。

一个好的交易者也应该像水一样，顺着市场趋势的方向去流淌，要柔弱灵活，清空心中的执念，不要把自己禁锢在某个世俗的思想中逆流而行。趋势交易者看似随波逐流，却不要忽略，趋势可以是小溪，亦可是洪流，拥有相当强大的力量。可以把任何阻挡它的事物击溃，也可以载着顺应它的人，实现梦想。

《道德经》第八十一章的启示

信言不美，美言不信。

  真实的话不一定漂亮，漂亮的话不一定真实。

善者不辩，辩者不善。

  行为善良的人不一定善于争辩，爱争辩的人不一定善良。

知者不博，博者不知。

  有智慧的人不一定知识广博，知识广博的人不一定有智慧。

老子这几句话，是想让世人拥有明辨是非的能力，让我想起哈佛大学校长德鲁·吉尔平·福斯特在2017级新生开学典礼上的演讲："教育的目标是让人能辨别谁在胡说八道。"

相隔两千多年，却拥有同样的教育理念，这让我对两位教育家都心生敬佩。

谎言，在金融市场中随处可见。每天都有假新闻、假消息、假大师等，只为让一些毫无做人底线的人，赚取不义之财。

拥有明辨是非的能力，能让自己在这个世界上、在市场中更好地生存。

可辨事容易辨人难。

老子告诉我们："信言不美，美言不信。善者不辩，辩者不善。知者不博，博者不知。"——一个嘴上说实话、内心善良、有智慧的人，就是我们平时要寻觅的人，要辨明的人。

找这样的人，做这样的人，何其难。

季羡林大师说："假话全不说，真话不全说。"拿我自己来说，我希望自己做人能一直说真话，哪怕只是一部分真话。至于善良和智慧，以我目前的境界，自认差之千里。

我相信人之初性本善，但感觉自己这些年在做交易的过程中逐渐变得冷漠。我刚刚做交易的时候，对于交易者"冷血无情"的职业态度很是崇拜，之后似乎也做到了。但我的生活受此影响，自己似乎变了一个人，茫然失措。我不知道自己所付出的代价是否过大，因此，这两年，我也一直在尝试找回自己善良的初心。

至于智慧，那更是可望而不可即。虽然我通过交易累积了一些经历和思考，但这些思考依旧是狭隘的。与真正的智者相比，犹如孩童一般幼稚可笑。因为我的出发点起初只是为了搞钱，求财不成才开始思考。我假想过，倘若一开始就在市场中发了一笔横财，我如今很可能整日吃喝玩乐，不思进取，当然，也可能早已被别人骗得倾家荡产。

人天生不爱思考，因为我们一旦开始思考，大脑所消耗的能量与其他动物相比，是惊人的（人类大脑重量只占2%，却至少要消耗20%的能量）。让大脑尽量休息，才是我们祖先在食物匮乏的远古，活下去的必要条件之一。所以，不用嫌谁谁不爱思考，谁不够聪明。真正爱思考的人才不符合人类生存规律。倘若让我重新选择人生，虽然我爱交易，但我还是会选择好好做一次"活生生"的人。

我想爱上荒野的风声，胜过贫穷和思考。

附：《道德经》原文及译文

第一章

道可道，非常道。
可以用语言表达出来的道，就不是永恒不变的"道"。
名可名，非常名。
可以用语言表达出来的名，就不是永恒不变的"名"。
无，名天地之始；
无，是天地的开端。
有，名万物之母。
有，是万物的根源。
故常无，欲以观其妙；
所以，从"无"的角度，可以揣摩"道"的奥妙；
常有，欲以观其徼。
从"有"的角度，可以看到"道"的踪迹。
此两者，同出而异名，同谓之玄。
"无"和"有"只是叫法不同，两者实际上是一回事。深究起来，可以说是玄妙深远。
玄之又玄，众妙之门。
它不是一般的玄妙深远，而是玄妙又玄妙、深远又深远，是宇宙天地万物之奥妙的总门。

第二章

天下皆知美之为美，斯恶已。
天下的人都知道美之所以为美，丑的观念也就出来了。
皆知善之为善，斯不善已。
都知道善之所以为善，恶的观念也就产生了。
故有无相生，难易相成，长短相较，高下相倾，音声相和，前后相随，恒也。

"有"和"无"互相对立而产生，困难和容易互相矛盾而促成，长和短互相比较才形成，高和下互相对照才有分别，音和声由于对立才显得和谐动听，前和后彼此排列才有顺序，这是永远如此的。

是以圣人处无为之事，行不言之教；

所以，有"道"的人所做的事，能符合天道，顺应自然，崇高无为，实行不言的教诲。

万物作焉而不始，生而不有，为而不恃，功成而弗居。

他任由万物自然生长而不加干预，万物长成而不据为己有，作育万事而不自恃其能，有了成就也不自居其功。

夫唯弗居，是以不去。

因为他不自居其功，反而他的功绩不会泯灭。

第三章

不尚贤，使民不争；

不崇尚贤能之辈，方能使世人不去争名夺权；

不贵难得之货，使民不为盗；

不看重奇珍异宝，方能使世人不去偷窃；

不见可欲，使民心不乱。

不显露引起贪欲的物事，方能使世人心思不被惑乱。

是以圣人之治，虚其心，实其腹，弱其志，强其骨。

所以，有"道"的人掌管万民，是使他们心里谦卑，腹里饱足，血气淡化，筋骨强壮。

常使民无知无欲。

人们常常处于无知无所欲的天真状态。

使夫智者不敢为也。

纵使那些智巧之人也不敢肆意妄为。

为无为，则无不治。

以"无为"的态度治世，哪里还有治理不好的。

第四章

道冲，而用之或不盈。

"道"虽然空虚的，然而其作用却无穷无尽。

渊兮，似万物之宗；

它如深渊一样广大，像是万物的祖宗；

挫其锐，解其纷，和其光，同其尘。

它不露锋芒；它以简驭繁；在光明的地方，它就与光融和；在尘垢的地方，它就与尘垢同一。

湛兮似或存。

它看似幽隐却存在着。

吾不知谁之子，象帝之先。

我不知道它从而来，似乎有天帝之前它就在了。

第五章

天地不仁，以万物为刍狗；

天地没有偏爱，在其看来，万物是祭祀所用的草扎成的狗。

圣人不仁，以百姓为刍狗。

有"道"的人效仿天地，也没有偏爱，在他眼里，百姓也是刍狗。

天地之间，其犹橐龠乎？

天地之间，不正像一个冶炼的风箱吗？

虚而不屈，动而愈出。

没有人拉它之时，它便虚静无为；一旦有人把它鼓动起来，风就呼呼涌出。

多言数穷，不如守中。

话多有失，往往会使自己陷入困境，不如适可而止。

第六章

谷神不死，是谓玄牝。

生养天地万物的"道"，永生不死，称为"玄牝"。

玄牝之门，是谓天地根。

"玄牝"之门，是天地万物的根源。

绵绵若存，用之不勤。

延绵不绝地永存，取之不尽用之不竭。

第七章

天长地久。

天地永远都存在。

天地所以能长且久者，以其不自生，故能长生。

天地所以能长久，是因为它不是为了自己而生存，所以才永远都存在。

是以圣人后其身而身先，外其身而身存。

同理，有"道"的人遇事谦退无争，反而能在众人之中领先；将自己置之度外，反而能保全自身长存。

非以其无私邪？故能成其私。

这不正是由于他无私，反而成就了他的伟大吗？

第八章

上善若水。

最高的善像水一样。

水善利万物而不争，处众人之所恶，故几于道。

水善于滋养万物，而不与万物相争。它处身于众人所厌恶的地方，所以最接近于"道"。

居，善地；　　　　　　　　心，善渊；

居身，安于卑下；　　　　　存心，宁静深沉；

与，善仁；　　　　　　　　言，善信；

交往，有诚有爱；　　　　　言语，信实可靠；

政，善治；　　　　　　　　事，善能；

为政，天下归顺；　　　　　做事，大有能力；

动，善时。

行动，合乎时宜。

夫唯不争，故无尤。

唯有不争不竞，方能无过无失。

第九章

持而盈之，不如其已；

水满自溢，不如适可而止；

揣而锐之，不可长保。

显露锋芒，至刚易折，锐势难以保持长久。

金玉满堂，莫之能守；

金玉满堂，无法守藏。

富贵而骄，自遗其咎。

富贵而又骄纵，是自取灾祸啊！

功遂身退，天之道。

只有功成身退，含藏收敛的人，才符合自然之"道"。

第十章

载营魄抱一，能无离乎？

谁能使精神与形体合一，毫无离隙呢？

专气致柔，能婴儿乎？

谁能集气达到柔和的心境，像婴儿一样呢？

涤除玄鉴，能无疵乎？

谁能洗净内心的污垢杂念，透亮如明镜呢？

爱民治国，能无为乎？

谁能爱民治国，自然无为呢？

天门开阖，能为雌乎？

谁能运用感官应对外界的变化，保持内心的宁静呢？

明白四达，能无知乎？

谁能大彻大悟，不用心机呢？

生之畜之，生而不有，为而不恃，长而不宰。

生育万物而不占为己有，兴作万物而不自恃己能，长养万物而不主宰。

是谓玄德。

这就是奥妙深远的"德"。

第十一章

三十辐，共一毂，当其无，有车之用。

三十根辐条集中在车轮上，车轮有中空的地方，才对车有用处。

埏埴以为器，当其无，有器之用。

糅合黏土制成器皿，器皿有中空的地方，才有器皿的用处。

凿户牖以为室，当其无，有室之用。

开凿门窗建造房屋，有了门窗四壁中空的地方，才对房屋有用处。

故有之以为利，无之以为用。

"有"对人们的便利，其实是"无"在发挥作用啊。

第十二章

五色令人目盲；

过分追求缤纷的色彩使人眼睛昏花；

五音令人耳聋；

过分追求变幻的音响使人耳朵发聋；

五味令人口爽；

过分追求丰腴的美食使人不知其味；

驰骋畋猎，令人心发狂；

过分纵情于骑马打猎令人心意狂荡；

难得之货，令人行妨。

过分追求珍奇财宝令人行伤德败。

是以圣人为腹不为目，故去彼取此。

所以有"道"的人的生活，只求饱腹，不求享受，取质朴宁静，不取奢侈浮华。主张摒弃所有外物的引诱，以保持固有的天真。

第十三章

宠辱若惊，贵大患若身。

得宠和受辱都会使内心惊恐不安，把荣辱大患看得与自己生命一样珍贵。

何谓宠辱若惊？

为什么说得宠和受辱都会内心惊恐不安呢？

宠为下，得之若惊，失之若惊，是谓宠辱若惊。

因为在世人心目中，一般都是宠上辱下，宠尊辱卑。得到光荣就觉得显尊，受到耻辱就觉得丢人。得之也惊，失之也惊。

何谓贵大患若身？

什么叫作重视荣辱大患像重视自己生命一样？

吾所以有大患者，为吾有身，及吾无身，吾有何患？

我之所以感受到大患，是因为我有身体，能感同身受；如果我没有身体，就不能感同身受，我还能感受到什么大患呢？

故贵以身为天下，若可寄天下；

所以，以贵身的态度去治理天下，天下就可以托付他；

爱以身为天下，若可托天下。

以爱身的态度去治理天下，天下就可以依靠他。

第十四章

视之不见，名曰夷；

看它看不见，把它叫作"夷"；

听之不闻，名曰希；

听它听不到，把它叫作"希"；

搏之不得，名曰微。

摸它摸不到，把它叫作"微"。

此三者不可致诘，故混而为一。

"道"既然看不见、听不到、摸不着，不可思议，又何从去穷究它的形象呢？所以它们是混沌一体的。

其上不皦，其下不昧。

它的上面既不显得光明亮堂，它的下面也不显得阴暗晦涩。

绳绳不可名，复归于无物。

无头无绪、延绵不绝却又不可名状，到最后还是归于无物。

是谓无状之状，无物之象，是谓惚恍。

它是没有形状的形状，不见物体的形象，也可叫作"恍惚"。

迎之不见其首，随之不见其后。

迎面看不见它的头，追踪抓不着他的尾。

执古之道，以御今之有。

秉持着亘古就已存在的"道"，就可以驾驭如今的万事万物。

能知古始，是谓道纪。

能够了解这亘古就已存在的"道"，就知道了"道"的规律。

第十五章

古之善为士者，微妙玄通，深不可识。

古时候善于行"道"的人，微妙通达，深刻玄远，不是一般人可以理解的。

夫唯不可识，故强为之容。

正是因为不好理解，所以只能勉强形容他们。

豫兮若冬涉川；

他如冬天过冰河一样小心谨慎；

犹兮若畏四邻；

他如提防邻国进攻一样警惕；

俨兮其若客；

他恭敬慎重，好像身为宾客；

涣兮若冰之将释；

他和蔼可亲，好像能融化冰雪；

敦兮其若朴；

他淳厚朴实，好像未经加工的原料；

旷兮其若谷；

他旷远豁达，好像空旷的山谷；

混兮其若浊；

他浑厚宽容，好像浑浊的大水。

孰能浊以静之徐清；孰能安以动之徐生。

敢问谁能使浑浊安静下来，慢慢变得澄清？谁能在安定中生动起来，慢慢显出生机？

保此道者，不欲盈。夫唯不盈，故能蔽而新成。

唯有得"道"的人，才有这种能力。得"道"的人不会自满。正因为他从不自满，所以能保持去故更新。

第十六章

致虚极，守静笃。

若是致虚、宁静的功夫达到极致，以去知去欲。

万物并作，吾以观复。

那么万物的生长、活动，我们都不难看出他们从无到有，再由有到无，往复循环的规则。

夫物芸芸，各复归其根。

虽然万物复杂众多，到头来还是要各返根源。

归根曰静，静曰复命。

返回到它的本根就叫作清静，清静就叫作复归于生命。

复命曰常，知常曰明。

复归于生命就叫自然，认识了自然规律就叫作明智。

不知常，妄作凶。

不了解自然规律而轻举妄为，那就要产生祸害了。

知常容，容乃公，公乃全，全乃天，天乃道，道乃久，没身不殆。

认识自然规律的人无事不通，无所不包。无所不包就能坦然公正，坦然公正才能做到周全，周全才能符合自然，符合自然才能符合于"道"，依"道"而行才能永垂不朽。如此，也就可终身免于危殆。

第十七章

太上，不知有之；

最上等的国君治理天下，居无为之事，行不言之教，使人民各顺其性，各安其生，所以人民不知有国君的存在；

其次，亲而誉之；

次一等的国君，以德教化民，以仁义治民，施恩于民，人民更亲近他，称颂他；

其次，畏之；

再次一等的国君，以政教治民，以刑法威民，所以人民畏惧他；

其次，侮之。

最末一等的国君，以权术愚弄人民，以诡诈欺骗人民，法令不行，人民轻侮他。

信不足焉，有不信焉。

这是什么缘故呢？因为这种国君本身诚信不足，人民当然不相信他。

悠兮其贵言。

最上等的国君是悠闲无为的，他不轻易发号施令，然而人民都能各安其生，得到最大的益处。

功成事遂，百姓皆谓："我自然"。

等到事情办好，大功告成，人民却不晓得这是国君的功劳，反而都说："我们原来就是这样的。"

第十八章

大道废，有仁义；

大"道"废弃以后，才有仁义；

智慧出，有大伪；

智巧出现以后，才产生诈伪；

六亲不和，有孝慈；

家庭不睦以后，才显出孝慈；

国家昏乱，有忠臣。

国家昏乱以后，才产生忠臣。

第十九章

绝圣弃智，民利百倍；

聪明和智巧有违自然，所以抛弃它人民反而得到百倍的益处。

绝仁弃义，民复孝慈；

仁和义束缚天性，所以抛弃它人民反而能恢复孝慈的天性。

绝巧弃利，盗贼无有。

巧诈和货利，能使人产生盗心，所以抛弃了它盗贼自然就绝迹。

此三者以为文不足。

圣智、仁义、巧利这三者全是巧饰，不足以治理天下。

故令有所属：见素抱朴，少思寡欲，绝学无忧。

所以要使人们的思想认识有所归属，保持纯洁朴实的本性，减少私欲杂念，抛弃圣智礼法的浮文，才能免于忧患。

第二十章

唯之与阿，相去几何？

恭敬的应声"是"，和愤怒的应声"哼"，相差究竟有多少？

善之与恶，相去何若？

世人所说的"善"，和大家公认的"恶"，究竟相差在哪里？

人之所畏，不可不畏。

世人都害怕的，我也不能不怕。

荒兮其未央哉！

这风气从远古以来就是如此，好像没有尽头的样子。

众人熙熙，如享太牢，如春登台。

我的存心和世人大不相同。比方说：世人快快乐乐的样子，好像参加丰盛的筵席，又像在春天登台远眺。

我独泊兮其未兆，如婴儿之未孩。

唯独我淡泊恬养，心中没有一点情欲，就像不知嬉笑的婴孩。

儽儽兮，若无所归。

我又是那样的懒散，好像无家可归的游子似的。

众人皆有余，而我独遗。

世人自得自满，似乎有用不尽的才智和能力。唯有我好像匮乏不足的样子。

我愚人之心也哉！沌沌兮！

我真是只有一颗愚人的心啊！是那样的混沌。

俗人昭昭，我独昏昏。

世人都明明白白，唯独我昏昏沉沉。

俗人察察，我独闷闷。

世人都清清楚楚，唯独我迷迷糊糊。

澹兮其若海，飂兮若无止。

我恬淡宁静，好像大海一样的寂寥广阔，我无拘无束，好像大风一样，没有目的，没有归宿。

众人皆有以，而我独顽似鄙。

世人好像皆有所用，皆有所为，唯独我愚钝而鄙陋。

我独异于人，而贵食母。

我唯独与人不同的，关键在于得到了"道"。

第二十一章

孔德之容，惟道是从。

大德之人，他一切言语举动的情态，都顺应着"道"。

道之为物，惟恍惟惚。

"道"是什么样子呢？"道"这样东西，是恍恍惚惚的，说无又有，说实又虚，既看不清又摸不到。

惚兮恍兮，其中有象；

可是，在这恍惚之中，它又有形象。

恍兮惚兮，其中有物。

在这恍惚之中，它又有实物。

窈兮冥兮，其中有精；

它是那么深远而幽昧，可是其中却具有一切生命物质的原理与原质。

其精甚真，其中有信。

这原理与原质是非常的真实可信的。

自今及古，其名不去，以阅众甫。

从古迄今，"道"一直存在，它的名字永远无法消去，依据它才能认识万物的本始，因它一直在创造万物。

吾何以知众甫之状哉？以此。

我怎样知道万物本始的情形呢？就是从"道"认识的！

第二十二章

曲则全； 　　　　　　　　　枉则直；

委屈反而可以保全； 　　　　弯曲反而能够伸直；

洼则盈； 　　　　　　　　　敝则新；

低洼反而可以充盈； 　　　　破旧反而可以生新；

少则得； 　　　　　　　　　多则惑。

少取反而可以多得； 　　　　贪多反而变得迷惑。

是以圣人抱一为天下式。

所以有"道"的人紧守着"道"作为天下事理的范式。

不自见，故明；

不自我表扬，反而能够显明；

不自是，故彰；

自以为是，反而能够彰显；

不自伐，故有功；

不自己夸耀，反而能够见功；

不自矜，故长。

不自我矜持，反而能够长久。

夫唯不争，故天下莫能与之争。

正因为不与人争，所以全天下没有人能和他争。

古之所谓"曲则全"者，岂虚言哉！

古人所说的"委曲便会保全"等语，难道会是空话？

诚全而归之。

能够做到这些,"道"就会归向他了。

第二十三章

希言自然。

无言是自然的主旋律。

故飘风不终朝,骤雨不终日。

所以狂风刮不了一清晨,暴雨下不了一整天。

孰为此者?

可是这些是谁在操作主宰?

天地尚不能久,而况于人乎?

兴起风雨的天地,尚且不能持久,何况渺小的人类呢?

故从事于道者,道者,同于道;

所以从事于"道"的就同于"道";

德者,同于德;

从事于"德"的就同于"德";

失者,同于失。

表现于不道不德的,行为就是暴虐无道。

同于道者,道亦乐得之;

因此,得到"道"的,"道"也乐于得到他;

同于德者,德亦乐得之;

得到"德"的,"德"也乐于得到他;

同于失者,失亦乐得之。

同于失"道"失"德"的,就会得到失"道"失"德"的结果。

信不足焉,有不信焉。

为政者的诚信不足,人民自然不会信任他。

第二十四章

企者不立;

凡踮起脚跟想要站得高,反而站立不稳;

跨者不行;

凡跨着大步想要走得快的,反而走不了多远;

自见者不明；

自逞己见的，反而得不到彰明；

自是者不彰；

自以为是的，反而得不到显昭；

自伐者无功；

自我炫耀的，反而不能见功；

自矜者不长。

自高自大的，反不能长久。

其在道也，曰：余食赘形。

从"道"的角度来看这些急躁的行为，简直如剩饭赘瘤一样多余无用，令人厌恶。

物或恶之，故有道者不处。

所以有"道"的人，决不会这样做。

第二十五章

有物混成，先天地生。

在天地存在以前，就有一个东西浑然而成。

寂兮寥兮，独立不改，周行而不殆，可以为天地母。

听不到它的声音也看不见它的形体，寂静而空虚，不依靠任何外力而独立长存永不停息，循环运行而永不衰竭，可以作为万物的母亲。

吾不知其名，字之曰道，强为之名，曰大。

这样玄妙的东西，我实在不知道它的名字是什么。所以勉强把它叫作"道"，再勉强给它起个名字叫作"大"。

大曰逝，逝曰远，远曰反。

它广大无边而运行不息，运行不息而伸展遥远，伸展遥远而又返回本原。

故道大，天大，地大，人亦大。

所以说"道"大、天大、地大、人也大。

域中有四大，而人居其一焉。

宇宙间有四大，而人居其中之一。

人法地，地法天，天法道，道法自然。

人为地所承载，所以人应该效法"地"；地为天所覆盖，所以地应该效法"天";天为道所包涵,所以天应该效法"道";"道"以自然为归,所以"道"应该效法"自然"。

第二十六章

重为轻根,静为躁君。

稳重为轻浮的根本,清静为躁动的主宰。

是以君子终日行不离辎重。

所以君子的行动,总是持重守静。

虽有荣观,燕处超然。

虽有荣誉,也是安然处之,超脱于物外。

奈何万乘之主,而以身轻天下?

一个大国的君主,怎么可以轻浮躁动来治理天下呢?

轻则失根,躁则失君。

轻率就会失去根本;急躁就会丧失主导。

第二十七章

善行无辙迹;

善于行走的人,行踪不留一点痕迹;

善言无瑕谪;

善于说话的人,言语滴水不漏;

善计不用筹策;

善于计算的人,不用借助计算的工具;

善闭无关楗而不可开;

善于关闭的,不用栓销便可使人打不开;

善结无绳约而不可解。

善于捆绑的,不用绳索便可使人解不开。

是以圣人常善救人,故无弃人;

有"道"的人善于挽救别人,所以没有被废弃之人;

常善救物,故无弃物。

善于物尽其用,没有被废弃的物品。

是谓袭明。

这就叫作内藏着的聪明智慧。

故善人者，不善人之师；

因此，善人可以做不善人的老师；

不善人者，善人之资。

不善人可以做善人的借鉴。

不贵其师，不爱其资，虽智，大迷。

不尊重他的老师，不珍视他的借鉴，虽然自以为聪明，其实是大糊涂。

是谓要妙。

这就是精深微妙的道理。

第二十八章

知其雄，守其雌，为天下谿。

知道什么是雄强，却安于雌弱，甘愿做天下的溪涧。

为天下谿，常德不离，复归于婴儿。

甘愿做天下的溪涧，永恒的"德"就不会流失，而回复到婴孩般的纯真柔和的境地。

知其白，守其黑，为天下式。

深知什么是明亮，却安守暗昧，甘愿成为天下的典范。

为天下式，常德不忒，复归于无极。

甘愿做天下的典范，永恒的"德"就不会出差错，而回复到真朴的状态。

知其荣，守其辱，为天下谷。

深知什么是荣耀，却安守卑辱，甘愿做天下的川谷。

为天下谷，常德乃足，复归于朴。

甘愿做天下的川谷，永恒的"德"才能充足，而回复到自然本初的纯真状态。

朴散则为器，圣人用之，则为官长，故大制不割。

真朴的"道"分散成宇宙万物，有"道"的人沿用真朴，就会成为百官之长。所以，完善的政治制度是一个体系，不可分割。

第二十九章

将欲取天下而为之，吾见其不得已。

想要治理天下，却又要用强制的办法，我看他不能够达到目的。

天下神器，不可为也。

天下的人民是神圣的，不能够违背他们的意愿和本性而加以强力统治。

为者败之，执者失之。

用强力统治天下，就一定会失败；用强力把持天下，就一定会失去天下。

故物或行或随；

世人秉性不一，有前行（积极）的，有后随（消极）的；

或歔或吹；　　　　　　或强或羸；　　　　　　或挫或隳。

有的嘘寒，有的吹暖；　有的刚强，有的羸弱；　有的安宁，有的危殆。

是以圣人去甚，去奢，去泰。

因此，有"道"的人以自然无为而治，除去一切极端过分的措施。

第三十章

以道佐人主者，不以兵强天下。

依照"道"辅佐君主的人，是不会用兵力逞强于天下的。

其事好还。

穷兵黩武这种事必然会得到报应。

师之所处，荆棘生焉。

试看军队所到之处，耕稼废弛，荆棘丛生遍地。

大军之后，必有凶年。

每次大战后，总会造成荒年。

善有果而已，不以取强。

善于用兵的人，只求达到救济危难的目的就可以了，并不以兵力强大而逞强好斗。

果而勿矜，果而勿伐，果而勿骄。

达到目的了却不自我矜持，达到目的了也不去夸耀骄傲，达到目的了也不要自以为是。

果而不得已，果而勿强。

达到目的却出于不得已，达到目的却不逞强。

物壮则老，是谓不道，不道早已。

事物过于强大就会走向衰朽，所以好战逞强，是不符合于"道"的，不符合于"道"的，很快就会消逝。

第三十一章

夫兵者，不祥之器，物或恶之，故有道者不处。

兵器啊，是不祥的东西，人们都厌恶它，所以有"道"的人不使用它。

君子居则贵左，用兵则贵右。

君子平时以左方为贵，用兵时才以右方为贵。

兵者，不祥之器，非君子之器，不得已而用之，恬淡为上。

兵器这个不祥的东西，不是君子所使用的东西，万不得已而用它，也要心平气和，只求达到目的就算了。

胜而不美，而美之者，是乐杀人。

即使打了胜仗也不要得意扬扬，如果自以为了不起，那就是把打仗杀人当成乐事的人。

夫乐杀人者，则不可得志于天下矣。

喜欢杀人的人，天下人都不会归服他，当然他也就无法治理天下。

吉事尚左，凶事尚右。

吉庆的事情以左边为上，凶丧的事情以右方为上。

偏将军居左，上将军居右，言以丧礼处之。

所以用兵时，偏将军负的责任轻，就居左方，上将军责任重，便居右方。这就是说要以凶丧之事的行事仪轨来处理用兵打仗的事情。

杀人之众，以哀悲泣之，战胜，以丧礼处之。

有"道"的君子，战争中人杀多了，要用哀痛的心情参加，打了胜仗，也要以凶丧的仪式去对待战死的人。

第三十二章

道常无名，朴，虽小，天下莫能臣也。

"道"永远处于不可名而朴质的状态。即使非常隐微，天下也没有人敢支配它。

侯王若能守之，万物将自宾。

侯王如果能够依照"道"的原则治理天下，百姓们将会自然地归从于它。

天地相合，以降甘露，民莫之令而自均。

天地阴阳之气相合，就会降下甘露，不需人们指使，就会很均匀。

始制有名，名亦既有，夫亦将知止，知止可以不殆。

"道"亦然。"道"创造了万物，万物兴作就产生了各种名称。既已定了名称，纷争也就跟着产生，所以人便不可舍本逐末，应该知道适可而止。知道适可而止，才能远离危险，避免祸患。

譬道之在天下，犹川谷之于江海。

"道"存在于天下，就像江海，一切河川溪水都归流于它，使万物自然宾服。

第三十三章

知人者智，自知者明。

能了解别人的人，只能算聪明。能了解自己，才算是智慧。

胜人者有力，自胜者强。

能战胜别人的人是有力的，能战胜自己弱点的人才算是强者。

知足者富，强行者有志。

知道满足的人才是富有人，坚持力行人的才算有志气。

不失其所者久，死而不亡者寿。

不失去自己根本所在的人，才算得上长久。肉体死亡但精神还在的人，才算得上长寿。

第三十四章

大道泛兮，其可左右。

大"道"流行泛滥，就像水一样，可左可右，无所不到。

万物恃之而生而不辞，功成不名有。

任万物赖以生长，而不加以干预；任万物赖以成就，而不居其功。

衣养万物而不为主，常无欲，可名于小；

它养育万物，而它不主宰万物，可以说它是渺小的；

万物归焉而不为主，可名为大。

万物归附它，而它不主宰万物，又可以说它是伟大的。

以其终不自为大，故能其成大。

正因为其不自以为伟大，所以才能成就它的伟大。

第三十五章

执大象，天下往。

能守大"道"，天下人都会归从他。

往而不害，安平太。

因为他不但不会害人，反而能使天下得到太平康乐。

乐与饵，过客止。

悦耳的音乐，可口的美味，使过路的人都为之停步。（但这只是做客时的短暂享受罢了，怎么可能持久？）

道之出口，淡乎其无味，视之不足见，听之不足闻，用之不足既。

"道"虽然淡而无味，既看不见，又听不到，但却取之不尽，用之不竭。

第三十六章

将欲歙之，必固张之；

想要收敛它，必先扩张它；

将欲弱之，必固强之；

想要削弱它，必先加强它；

将欲废之，必固兴之；

想要废去它，必先抬举它；

将欲夺之，必固与之。

想要夺取它，必先给予它。

是谓微明。

这个道理，看似隐微，其实很明显。

柔弱胜刚强。

柔弱能战胜刚强。

鱼不可以脱于渊，国之利器不可以示人。

鱼的生存不可以脱离池渊，国家的刑法政教不可以向人炫耀。

第三十七章

道常无为而无不为。

"道"永远顺其自然，不造不设，好像常是无所作为的，但万物都由"道"而生，恃"道"而长，实际上却又是无所不为。

侯王若能守之，万物将自化。

侯王如果能按照"道"的原则为政治民，万事万物就会自我化育而得以充分发展。

化而欲作，吾将镇之以无名之朴。

然而在万物生长繁衍的过程中，难免有欲心邪念，这时我就要用"道"的真朴来镇服它。

无名之朴，夫亦将无欲。

用"道"的真朴来镇服它，就不会产生欲心邪念了。

不欲以静，天下将自定。

一旦没有欲心邪念，能够归于沉静不乱，天下自然就会安定。

第三十八章

上德不德，是以有德；

具备上"德"的人，对人有"德"而不自以为德，所以才有"德"。

下德不失德，是以无德。

具备下"德"的人，对人一有"德"就自居其德，所以反而无"德"了。

上德无为而无以为；

具备上"德"的人，"无为"出于无意，所以无所不为。

下德为之而有以为。

具备下"德"的人，"无为"出于有意，所以无所作为。

上仁为之而无以为，上义为之而有以为。

上"仁"的人，虽然是有所作为，却是出于无意。上"义"的人虽然有所作为，却是出于有意。

上礼为之而莫之应，则攘臂而扔之。

上"礼"的人，就更过分了，他自己先行礼，若得不到回应，便不惜伸出手臂来，引着人家强就于礼。

故失道而后德；

由此看来，失去了"道"而后才有"德"；

失德而后仁；

失去了"德"而后才有"仁"；

失仁而后义；

失去了"仁"而后才有"义"；

失义后而礼。

失去了"义"而后才有"礼"。

夫礼者，忠信之薄，而乱之首。

"礼"这个东西，是忠信不足的产物，而且是祸乱的开端。

前识者，道之华，而愚之始。

所谓"先知"，不过是"道"的虚华，是愚昧的开始。

是以大丈夫处其厚，不居其薄；

所以大丈夫立身敦厚，以忠信为主，而不要重视俗礼；

处其实，不居其华。

以守"道"为务，而不任用智巧；

故去彼取此。

务必除去一切浅薄浮华等不合乎"道"的，而取用敦厚质实等合于"道"的。

第三十九章

昔之得一者。

天地万物都有生成的总源，那就是"道"，也可称为"一"。

天得一以清；

天得到"一"而清晰明亮。

地得一以宁；

地得到"一"而安宁稳定。

神得一以灵；

神得到"一"而灵验有效。

谷得一以盈；

山谷得到"一"而充盈有生机。

万物得一以生；

万物得到"一"而生长发育世世不绝。

侯王得一以为天下正。

诸侯和君王得到"一"而使天下安定。

其致之也，天无以清，将恐裂；

推而言之，假若天不能保持清晰明亮，恐怕就会崩裂。

地无以宁，将恐发；

如果地不能保持安宁稳定，恐怕就要塌陷。

神无以灵，将恐歇；

假若神不能保证灵验有效，恐怕就会消失。

谷无以盈，将恐竭；

倘使山谷不能充盈有生机，恐怕就会枯竭。

万物无以生，将恐灭；

要是万物不能生长繁殖，恐怕就会灭绝。

侯王无以贵高，将恐蹶。

若是诸侯、君王无法保持清明恬静，恐怕就会被颠覆。

故贵以贱为本，高以下为基。

所以，尊贵是以卑贱为根本，高是以低下为基础的。

是以侯王自谓孤寡不穀，此非以贱为本邪？非乎？

因此侯王们自称为"孤""寡""不穀"，这不就是以贱为根本吗？难道不是这样吗？

故致数誉无誉。

所以最高的荣誉是无须赞美称誉。

不欲琭琭如玉，珞珞如石。

不要像玉石那样璀璨明亮让人重视，而要像石头那样暗淡无光，为人忽视。

第四十章

反者道之动；

循环往复，是"道"的运动所在。

弱者道之用。

柔弱，是"道"的力量所在。

天下万物生于有，有生于无。

天下的万物都生于实有，实有又出自虚无。

第四十一章

上士闻道，勤而行之；

上士，是有志的人，听闻"道"之后，就努力不懈地去实行。

中士闻道，若存若亡；

中士，是普通的人，听闻"道"之后，仍是似懂非懂、若有若无的样子。

下士闻道，大笑之。

下士，是俗陋的人，听闻"道"之后，反而哈哈大笑起来，以为荒诞不经。

不笑不足以为道。

如果不能让俗陋的人大笑的话，那"道"就不是高深的，也算不得是真"道"了！

故建言有之：

所以古时候立言的人有这样的话：

明道若昧；

从表面上看来，光明的"道"好似暗昧；

进道若退；

前进的"道"好似后退；

夷道若纇。

平坦的"道"好似崎岖。

上德若谷；

同样地，上"德"反像低下的川谷；

大白若辱；

最洁白的东西，反而含有污垢；

广德若不足；

广大的"德"反似不足的样子；

建德若偷；

刚健的"德"反像怠惰的样子；

质真若渝。

质朴的"德"反似浑浊未开的样子。

大方无隅；

最方正的东西，反而没有棱角；

大器晚成；

最大的容器，反而是成就较晚；

大音希声；

最大的声响，反而听来无声无息；

大象无形。

最大的形象，反而没有形状。

道隐无名。

"道"幽隐而没有名称。

夫唯道，善贷且成。

只有"道"，才能使万物善始善终。

第四十二章

道生一，一生二，二生三，三生万物。

"道"是独一无二的，道本身包含阴阳二气，阴阳二气相交而形成适匀的状态，万物在这种状态中产生。

万物负阴而抱阳，冲气以为和。

万物背阴而向阳，并且在阴阳二气的互相激荡而成新的和谐体。

人之所恶，唯孤、寡、不穀，而王公以为称。

人所厌听的是孤、寡、不穀，而王公却以此自称。

故物或损之而益，或益之而损。

任何事物，表面上看来受损，实际上却是得益；表面上看来得益，实际上却是受损。

人之所教，我亦教之。

前人教给我这个道理，如今我也拿来转教别人。

强梁者，不得其死，吾当以为教父。

强暴者不会顺其自然处事，所以没有好下场。我将这句话当作施教的宗旨。

第四十三章

天下之至柔，驰骋天下之至坚。

天下最柔弱的东西，能驾驭天下最坚强的东西。

无有入无间。

无形的力量可以穿透没有缝隙的东西。

吾是以知无为之有益。

因此我才知道无为的益处。

不言之教，无为之益，天下希及之。

不言的教导，无为的益处，天下很少人懂得，也很少人能做得到。

第四十四章

名与身孰亲？

身外的声名和自己的生命比起来，哪一样亲切？

身与货孰多？

身外的财货，和自己的生命比起来，哪一样贵重？

得与亡孰病？

获取和丢失相比，哪一个更有害？

是故甚爱必大费；多藏必厚亡。

过分爱慕虚荣，就必定要付出更多的代价；藏匿过多的财富，必定会招致更为惨重的损失。

故知足不辱，知止不殆，可以长久。

所以说，懂得满足，就不会受到屈辱；懂得适可而止，就不会遇见危险；这样才能享受长久的平安。

第四十五章

大成若缺，其用不弊。

最完满的东西，好似有残缺一样，但它的作用永远不会衰竭。

大盈若冲，其用不穷。

最充盈的东西，好似是空虚一样，但是它的作用是不会穷尽的。

大直若屈，大巧若拙，大辩若讷。

最直的东西，好似有弯曲一样；最灵巧的东西，看起来好像很笨拙的样子；最卓越的辩才，看起来仿佛是口讷的样子。

躁胜寒，静胜热。

躁动克服寒冷，清静克服暑热。

清静，为天下正。

清静无为才能统治天下。

第四十六章

天下有道，却走马以粪。

治理天下合乎"道"，就可以做到太平安定，把战马退还到田间给农夫用来耕种。

天下无道，戎马生于郊。

治理天下不合乎"道"，连怀胎的母马也要送上战场，在战场的郊外生下马驹。

祸莫大于不知足；咎莫大于欲得。

最大的祸患是不知足,最大的罪过是贪得无厌。

故知足之足,常足矣。

所以,以知足为满足,才是永远的满足。

第四十七章

不出户,知天下;

不出屋门,就能够推知天下的事理;

不窥牖,见天道。

不望窗外,就可以认识自然的规律。

其出弥远,其知弥少。

走得越远,知道得越少。

是以圣人不行而知,不见而明,不为而成。

所以,有"道"的人不出行却能够推知事理,不窥见而能明了自然规律,不妄为而可以有所成就。

第四十八章

为学日益,为道日损。

求学的人,其知识一天比一天增加;求道的人,其主观意识则一天比一天减少。

损之又损,以至于无为。

减少又减少,到最后以至于"无为"的境地。

无为而无不为。

如果能够做到无为,即不妄为,任何事情都可以有所作为。

取天下常以无事,及其有事,不足以取天下。

治理国家的人,要经常以不骚扰人民为治国之本,如果经常以烦苛之政扰害民众,那就不配治理国家了。

第四十九章

圣人无常心,以百姓心为心。

有"道"的人常常是没有私心的,以百姓的心为自己的心。

善者,吾善之;不善者,吾亦善之;德善。

对于善良的人,我善待他;对于不善良的人,我也善待他。这样就可以结出良善的果子，从而使人人向善。

信者，吾信之；不信者，吾亦信之；德信。

对于守信的人，我信任他；对不守信的人，我也信任他。这样就可以结出守信的果子，从而使人人守信。

圣人在天下，歙歙为天下浑其心，百姓皆注其耳目，圣人皆孩之。

有"道"的人在其位，收敛自己的欲望，使天下的心思归于浑朴。百姓们都喜欢专注于自己的耳目聪明，而有"道"的人则使他们都回到婴孩般纯朴的状态。

第五十章

出生入死。

人始于生，而终于死。

生之徒，十有三；

长寿的人有十分之三；

死之徒，十有三；

短命的人有十分之三；

人之生，动之死地，亦十有三。

人本来可以活得长久些，却自己走向死亡，也占十分之三。

夫何故？以其生生之厚。

为什么会这样呢？因为奉养过度了。

盖闻善摄生者，陆行不遇兕虎，入军不被甲兵；

据说，善于保护自己生命的人，在陆地上行走，不会遇到凶恶的野兽，在战争中也受不到武器的伤害。

兕无所投其角，虎无所措其爪，兵无所容其刃。

犀牛无法用角去伤害他，老虎对他也无处伸爪，武器在他身上也无处刺击。

夫何故？以其无死地。

为什么会这样呢？因为他不让自己陷入死亡的危境之中。

第五十一章

道生之，德畜之，物形之，势成之。

"道"生成万物，"德"养育万物。万物因"道"化育为物形，也因"德"的养育环境而成长。

是以万物莫不尊道而贵德。

因此，万事万物都尊崇"道"而珍贵"德"。

道之尊，德之贵，夫莫之命而常自然。

"道"之所以被尊崇，"德"所以被珍贵，就是由于"道"生长万物而不加以干涉，"德"畜养万物而不加以主宰，顺其自然。

故道生之，德畜之；长之育之；亭之毒之；养之熟之；养之覆之。

因而，"道"生长万物，"德"养育万物。使万物生长发育，使万物成熟结果，使万物得到抚养和保护。

生而不有，为而不恃，长而不宰。

生育万物而不占为己有，兴作万物而不自恃己能，长养万物而不主宰。

是谓玄德。

这就是奥妙深远的"德"。

第五十二章

天下有始，以为天下母。

天地万物都有本源，即"道"，也就是万物之母。

既得其母，以知其子，既知其子，复守其母，没身不殆。

如果知道万物之母，就能认识万物，如果认识了万物，又掌握着万物的本源，那么终身就不会遭到伤害和有任何危险了。

塞其兑，闭其门，终身不勤。

塞住欲念的孔穴，闭起欲念的门径，终身都不会有烦扰之事。

开其兑，济其事，终身不救。

如果打开欲念的孔穴，就会增添纷杂的事件，终身都不可救治。

见小曰明，守柔曰强。

能够观察细微的叫作"明"，能够持守柔弱的叫作"强"。

用其光，复归其明，无遗身殃，是为袭常。

能够用"道"的光照亮外在，再返照自身达到"明"，则可以避开灾难。这就是我们所说的延绵不绝的常"道"。

第五十三章

使我介然有知，行于大道，唯施是畏。

假若我稍微有些认识，那么，行于大"道"时，必定小心谨慎，唯恐走入邪路。

大道甚夷，而人好径。

大"道"如此平稳，而人君却喜欢舍弃正路，去寻小径邪路前行。

朝甚除，田甚芜，仓甚虚；

因为人君不遵守大"道"，结果才使朝政腐败污乱，田地非常荒芜，仓库非常空虚。

服文彩，带利剑，厌饮食，财货有余；

而人君仍穿着锦绣的衣服，佩戴着锋利的宝剑，饱餐精美的饮食，搜刮占有富余的财货。

是为盗夸。

这样的人君，真可称为强盗的头目！

非道也哉！

这种行为完全背离了"道"。

第五十四章

善建者不拔，善抱者不脱，子孙以祭祀不辍。

善于建立"德"的人，不会被拔去的。善于抱持"道"的人，不会被取缔。若能世世遵从这个道理而行，那么子子孙孙就不会断绝。

修之于身，其德乃真；

拿这种道理贯彻到修身，必定内德充实，不需外求；

修之于家，其德乃余；

以此贯彻到治家，则必德化家人而有余；

修之于乡，其德乃长；

以此贯彻到治乡，必能德化乡人而受尊崇；

修之于国，其德乃丰；

以此贯彻到治国，必能德化邦国而丰盛；

修之于天下，其德乃普。

以此贯彻到治天下，也势必能普遍地德化天下人。

故以身观身，以家观家，以乡观乡，以国观国，以天下观天下。

所以，贯彻此道理，便可以我一身，观照其他各人；以我一家，观照其他各家；以我一国，观照其他各国；以我现在的天下，观照现在和未来的天下。

吾何以知天下然哉？以此。

至于说到我何以能够知道天下的情况呢？那就是由于这一道理。

第五十五章

含德之厚，比于赤子。

含"德"深厚的人，就好像天真无邪的婴儿。

蜂虿虺蛇不螫，猛兽不据，攫鸟不搏。

毒虫见了不蛰他，猛兽见了不伤他，惊鸟见了不害他。

骨弱筋柔而握固，未知牝牡之合而全作，精之至也。

他的筋骨虽很柔弱，但握起小拳来，却是很紧。他虽然不懂男女交合，但他的生殖器却常常勃起，因为他的精气充足。

终日号而不嗄，和之至也。

他即使终日号哭，而嗓子并不因此嘶哑，因为他的元气醇厚。

知和曰常，知常曰明，益生曰祥，心使气曰强。

知道柔和的叫作恒常，知通恒长的叫作明白事理。不追求"道"的人认为刻意求生而延长生命是吉祥的，放纵自我任意发泄是强大的。

物壮则老，谓之不道，不道早已。

事物过于壮盛就会走向衰老，这就叫不合于"道"，不合于"道"就会很快消亡。

第五十六章

知者不言，言者不知。

了解"道"的人不会多言，话多的不是真正了解"道"的人。

塞其兑，闭其门，挫其锐，解其纷，和其光，同其尘，是谓玄同。

塞上欲望的孔穴；闭上欲望的门户；不露锋芒；以简驭繁；在光明的地方，就与光相和；在尘垢的地方，就与尘垢同一。这就叫"玄同"。

故不可得而亲，不可得而疏，不可得而利，不可得而害，不可得而贵，不可得而贱。

达到"玄同"境界的人就没有亲疏之别、厉害之分、贵贱之差。

故为天下贵。

所以这样的人才是天下最为尊贵的人。

第五十七章

以正治国，以奇用兵，以无事取天下。

以清静无为的正"道"来治理国家，以奇巧诡秘的方法来用兵，以不扰害人民来治理天下。

吾何以知其然哉？以此：

我怎么知道是这样的呢？根据在这里：

天下多忌讳，而民弥贫；

天下的忌讳多了，百姓就越加贫困；

民多利器，国家滋昏；

民众的锐利武器多了，国家就越混乱；

人多伎巧，奇物滋起；

人们的心智和机巧多了，邪风怪事就越容易发生；

法令滋彰，盗贼多有。

法律越是森严，触犯法律的人便越多。

故圣人云："我无为，而民自化；我好静，而民自正；我无事，而民自富；我无欲，而民自朴。"

因此，有"道"的人有鉴于此，便说道："我无为，人民便自我化育；我好静，人民便自己走上正轨；我无事，人民便自求多福；我无欲，人民也就自然朴实。"

第五十八章

其政闷闷，其民淳淳；

治国者无为宽厚，百姓就会淳朴；

其政察察，其民缺缺。

治国者斤斤计较，百姓就会狡诈。

祸兮，福之所倚；

灾祸啊，幸福就倚傍在它里面；

福兮，祸之所伏。

幸福啊，灾祸就暗藏在其中。

孰知其极？其无正。

这种得失祸福循环，谁能知道它们的究竟？

正复为奇，善复为妖。

就好像本是正直的，突然间竟变作虚假；本是善良的，突然又化作邪恶一样。

人之迷，其日固久。

世人看不透这个道理，迷惑的时间已经太久了。

是以圣人方而不割，廉而不刿，直而不肆，光而不耀。

因此，有"道"的人，处事方正而不生硬，锐利而不伤人，直率而不放肆，明亮而不耀眼。

第五十九章

治人事天，莫若啬。

治理百姓和养护身心，没有比爱惜精力更为重要的了。

夫为啬，是谓早服；

爱惜精力，得以做到早作准备。

早服谓之重积德；

早作准备，就是不断地积"德"。

重积德则无不克；

不断地积"德"，就没有什么不能攻克的。

无不克则莫知其极；

没有什么不能攻克，那就无法估量他的力量。

莫知其极，可以有国；

具备了这种无法估量的力量，就可以担负治理国家的重任。

有国之母，可以长久；

有了治理国家的原则和道理，国家就可以长久维持。

是谓深根固柢，长生久视之道。

这就是根扎得深，柢撑得固，维持生存于世的道理。

第六十章

治大国，若烹小鲜。

治大国好像烹小鱼，不能常常翻动。

以道莅天下，其鬼不神；

运用"道"的原则去治理天下，那些鬼怪就起不了作用了。

非其鬼不神，其神不伤人；

不仅鬼怪起不了作用，神祇也不伤害人。

非其神不伤人，圣人亦不伤人。

不仅神祇不伤害人，有"道"的人也不伤害人。

夫两不相伤，故德交归焉。

鬼神和有"道"的人都不伤害人，所以，就可以让人民享受到"德"的恩泽。

第六十一章

大国者下流，天下之交，天下之牝。

大国要像居于江河下游那样，使天下百川河流交汇在这里，处在天下雌柔的位置。

牝常以静胜牡，以静为下。

雌柔能以安静宁定战胜雄强，就在于它既能以静制动又安于居下。

故大国以下小国，则取小国；

所以，大国以谦下的态度对待小国，就可以取得小国的支持；

小国以下大国，则取大国。

小国以谦下的态度对待大国，就可以得到大国的庇护。

故或下以取，或下而取。

因此，有的"取"是从上面抓取，有的"取"是从下面托起。

大国不过欲兼畜人，小国不过欲入事人。

大国希望的不过是得到小国支持，小国希望的不过是得到大国的庇护。

夫两者各得其所欲，大者宜为下。

这样大国小国都可以达到各自的愿望。特别是大国，更应该善于处下。

第六十二章

道者，万物之奥。

道无所不包，是万物的隐藏之所。

善人之宝，不善人之所保。

善人固然以它为宝，不肯离开它，就连不善的人也需要它的保护。

美言可以市尊，美行可以加人。

美好动听的言辞可以换来别人对你的尊重，良好高尚的品行可以增加人的尊贵。

人之不善，何弃之有？

品行不善的人，为什么要抛弃他？

故立天子，置三公，虽有拱璧以先驷马，不如坐进此道。

所以在天子即位、设置三公的时候，虽然有拱璧在先驷马在后的供奉仪式，还不如把这个"道"进献给他们。

古之所以贵此道者何？

自古以来，古人所以把"道"看得这样宝贵的原因是什么？

不曰以求得，有罪以免邪？

不正是因为只要遵"道"而行，则有求必得，有罪可免。

故为天下贵。

因为这个，天下人才如此珍视"道"。

第六十三章

为无为，事无事，味无味。

用"无为"的态度去作为，以不搅扰的方法去处理事物，最好的味道反而是没有味道。

大小、多少，报怨以德。

大生于小，多起于少。以德报怨，用"德"来对待别人的怨。

图难于其易，为大于其细。

处理问题要从容易的地方入手，实现远大要从细微的地方入手。

天下难事，必作于易，天下大事，必作于细。

凡是天下的难事，一定从容易的地方做起；凡是天下的大事，必定从小事做起。

是以圣人终不为大，故能成其大。

因此，有"道"的人始终不自以为伟大，所以才能做成大事。

夫轻诺必寡信，多易必多难。

没有把握的事情轻易许诺别人，必然会失去别人的信任。把事情看得太容易的人，势必会遭受很多困难。

是以圣人犹难之，故终无难矣。

因此，有"道"的人把所有事情都看得很难，所以反而没有什么难事了。

第六十四章

其安易持，其未兆易谋。

当局面安定时容易把持，当事情还未露先兆时容易谋划。

其脆易泮，其微易散。

当事物脆弱时容易分开，当事物细微时容易消散。

为之于未有，治之于未乱。

做事情要在它尚未发生就处理妥当，处理事情要在祸乱产生以前就早做准备。

合抱之木，生于毫末；

合抱的大树，生长于细小的根芽；

九层之台，起于累土；

九层的高台，筑起于每一堆泥土；

千里之行，始于足下。

千里的远行，是从脚下举步开始走出来的。

为者败之，执者失之。

主观妄为将就会招致失败，执意把控就会失去。

是以圣人无为，故无败，无执，故无失。

因此有"道"的无所妄为，便不会招致失败；无所执着，也不会遭受损失。

民之从事，常于几成而败之。

人们做事情，总是在快要成功时遭受失败。

慎终如始，则无败事。

当事情快要完成的时候，也要像开始时那样慎重，就没有办不成的事。

是以圣人欲不欲，不贵难得之货；

因此，有道的人追求别人不想追求的，不稀罕难以得到的财货。

学不学，复众人之所过。

学习别人所不想学习的，对别人的过错引以为鉴。

以辅万物之自然，而不敢为。

遵循万物自然发展规律而不妄加干预。

第六十五章

古之善为道者，非以明民，将以愚之。

古代善于遵行"道"的人，不是教导人民知晓智巧伪诈，而是教导人民淳厚朴实。

民之难治，以其智多。

人民之所以难以治理，乃是因为为他们使用太多的智巧心机。

故以智治国，国之贼；

所以用智巧心机去治理国家，就必然会危害国家，成为国家的灾祸；

不以智治国，国之福。

不用智巧心机治理国家，才是国家的福气。

知此两者亦稽式。

"以智治国"和"不以智治国"是古今治乱兴衰的标准界限。

常知稽式，是谓玄德。

若能常怀这种标准在心，就叫作"玄德"。

玄德深矣，远矣，与物反矣，然后乃至大顺。

"玄德"深不可测，远不可及，和万物一起复归到"道"的真朴，然后才能完全顺合自然。

第六十六章

江海所以能为百谷王者，以其善下之，故能为百谷王。

江海之所以能够成为百川河流所汇往的地方，是因为它居于百川之下，所以才能成为百川之王。

是以欲上民，必以言下之；

因此，有"道"的人要领导人民，必须心口一致地对人民表示谦下；

欲先民，必以身后之。

要成为人民的表率，必须把自己的利益放在他们的后面。

是以圣人处上而民不重，处前而民不害。

所以，有"道"的人虽然地位居于人民之上，但人民并不感觉到负担沉重；地位居于人民之前，但人民并不感觉到受到伤害。

是以天下乐推而不厌。

天下的人民都乐意拥戴而不厌弃。

以其不争，故天下莫能与之争。

因为他不与人相争，所以天下就没有人能和他相争。

第六十七章

天下皆谓我道大，似不肖。

天下人都说，"道"太广大了，大到不像任何具体的东西。

夫唯大，故似不肖。

也正因为它的大，所以才不像任何具体的东西。

若肖，久矣其细也夫！

如果它像一种具体的事物的话，那么它就趋于细小而不是"道"了。

我有三宝，持而保之：

我有三种宝贝，是应当永远持有保持的：

一曰慈，二曰俭，三曰不敢为天下先。

第一是慈爱，第二是俭朴，第三就是不敢居于天下人的前面。

慈，故能勇；

有了慈爱，所以能产生勇气。

俭，故能广；

平素俭朴，所以能富足。

不敢为天下先，故能成器长。

不敢居于天下人之先，所以反而能得到拥戴，成为万物之长。

今舍慈且勇，舍俭且广，舍后且先，死矣！

但如果舍弃慈爱而求勇敢，舍弃俭朴而求取富足，舍弃退让而求取争先，结果是走向死亡。

夫慈以战则胜，以守则固。

以慈爱之心用于战争就会胜利，用来防守就能巩固。

天将救之，以慈卫之。

天要援助谁，就用柔慈来保护他。

第六十八章

善为士者，不武；

善于带兵打仗的将帅，不崇尚勇武。

善战者，不怒；

善于打仗作战的人，不会轻易被激怒。

善胜敌者，不与；

善于胜敌的人，不与敌人正面冲突。

善用人者，为之下。

善于用人的人，对人总是表示谦下。

是谓不争之德，是谓用人之力，是谓配天古之极。

这叫作不与人争的"德"，这叫作运用别人的能力，这叫作符合自然的道理。

第六十九章

用兵有言："吾不敢为主，而为客；不敢进寸，而退尺。"

用兵的人曾经这样说："我不敢主动进犯，而采取守势；不敢前进一步，而宁可后退一尺。"

是谓行无行；

这就是说，虽然有阵势，却像没有阵势可摆一样。

攘无臂；

虽然要奋臂，却像没有臂膀可举一样。

扔无敌；

虽然面对敌人，却像没有敌人可打一样。

执无兵。

虽然有兵器，却像没有兵器可持握一样。

祸莫大于轻敌，轻敌几丧吾宝。

祸患再没有比轻敌更大的了，轻敌差不多丧尽了我的"三宝"。

故抗兵相加，哀者胜矣。

所以，当两军实力相当的时候，心存慈悲的一方能获得胜利。

第七十章

吾言甚易知，甚易行。

我的话很容易明白，很容易实行。

天下莫能知，莫能行。

可是天下人却不能明白，也不肯照着去做。

言有宗，事有君。

说话是有宗旨的，做事是有根据的。

夫唯无知，是以不我知。

可正是由于人们不理解这个道理，所以不了解我。

知我者希，则我者贵。

懂得我的人很少，按我说的道理去做的人就更少。

是以圣人被褐怀玉。

所以有"道"的人总是外表穿着粗布衣服，而怀里却揣着美玉。

第七十一章

知不知，上；

知道自己还有所不知道，这是很高明的。

不知知，病。

不知道却自以为知道，这就是很糟糕的。

夫唯病病，是以不病。

把缺点当做缺点，这样才能没有缺点。

圣人不病，以其病病，是以不病。

有"道"的人没有缺点，正是因为他把缺点当作缺点，所有才能没有缺点。

第七十二章

民不畏威，则大威至。

当人民不畏惧统治者的威压时，那么可怕的祸乱就要到来了。

无狎其所居，无厌其所生。

不要逼迫人民的生存，使人民不得安居。不要阻塞人民的谋生之路，使人民无以生计。

夫唯不厌，是以不厌。

只有不压迫人民，人民才不厌恶统治者。

是以圣人自知不自见，自爱不自贵。

因此，有"道"的人有自知之明，但不自我表现；有自爱之心，但不自显高贵。

故去彼取此。

所以要舍弃后者而取前者。

第七十三章

勇于敢则杀，勇于不敢则活。

勇于表现刚强的人，必不得善终；勇于表现柔弱的人，则能保全其身。

此两者，或利或害。

这两者虽同样是"勇"，但勇于刚强则得害，勇于柔弱则受利。

天之所恶，孰知其故？

天为什么厌恶勇于刚强的人，没有人能知道为什么。

是以圣人犹难之。

有"道"的人也难以解说明白。

天之道，不争而善胜，不言而善应，不召而自来，繟然而善谋。

自然的规律是不争斗而善于得胜，不言语而善于回应，不召唤而万物自来，宽缓从容而善于筹谋。

天网恢恢，疏而不失。

这就好像一面广大无边的天网一样，它虽是稀疏的，却没有一样的东西会从中漏失。

第七十四章

民不畏死，奈何以死惧之？

倘若人民不怕死，为什么还要用死去恐吓他们呢？

若使民常畏死，而为奇者，吾得执而杀之，孰敢？

倘若人民都惧怕死亡，对于那些为非作歹的人，我们就可以把他们捉来杀掉，那么还有谁敢为非作歹呢？

常有司杀者杀。

天地间，冥冥中有专司杀伐的力量，无须人代劳。

夫代司杀者杀，是谓代大匠斫。

如果人代替天实施杀伐，就如同代替高明的木匠去砍木头。

夫代大匠斫者，希有不伤其手矣。

那代替高明的木匠砍木头的人，很少有不砍伤自己手的。

第七十五章

民之饥，以其上食税之多，是以饥。

人民之所以会遭受饥饿，是因为统治者榨取赋税过多，因此人民才遭受饥饿。

民之难治，以其上之有为，是以难治。

人民之所以难以统治，是因为统治者政令烦苛、强作妄为，所以人民才难于统治。

民之轻死，以其求生之厚，是以轻死。

民之所以会轻生冒死去触犯法律，是因为统治者为了奉养自己，使人民无法生存，所以人民才轻生冒死。

夫唯无以生为者，是贤于贵生。

因此统治者恬淡无为比强取豪夺要高明得多。

第七十六章

人之生也柔弱，其死也坚强。

当人活着的时候，他的身体十分柔软灵活，可是他死后身体就会变得枯槁僵硬。

万物草木之生也柔脆，其死也枯槁。

万物草木生长的时候形质是柔软脆弱的，死了之后就变得干枯残败了。

故坚强者死之徒，柔弱者生之徒。

所以坚强的东西属于死亡的一类，柔弱的东西属于生长的一类。

是以兵强则不胜，木强则折。

因此用兵逞强就会招致失败，树木强大就会招致砍伐摧折。

强大处下，柔弱处上。

因此凡是坚强的往往处于劣势，相反，柔弱的往往能处于优势。

第七十七章

天之道，其犹张弓与？

自然的规律，不是很像张弓射箭吗？

高者抑之，下者举之；

弦位高了就把它压低一些，低了就把它举高一些。

有余者损之，不足者补之。

弓弦拉得过满了就把它放松一些，拉得不足了就要把它拉满一些。

天之道，损有余而补不足。

自然的规律是减少有余的和补给不足的。

人之道，则不然，损不足以奉有余。

可是社会的法则却不是这样，要剥夺不足的用来奉养有余的。

孰能有余以奉天下？唯有道者。

那么，谁能够让有余的人奉献出来给天下呢？只有有"道"的人才可以做到。

是以圣人为而不恃，功成而不处，其不欲见贤。

因此，有"道"的人这才有所作为而不自恃己能，有所成就而不居功，不愿意表现自己的贤能。

第七十八章

天下莫柔弱于水，而攻坚强者莫之能胜，以其无以易之。

天下最柔软的莫过于水了，但攻坚克强却没有什么东西能胜过水的，因而水是没有事物可以代替得了的。

弱之胜强，柔之胜刚，天下莫不知，莫能行。

弱小的能战胜强大的，柔软的可以战胜刚强的，天下没有人不知道这个道理，但就是没有人能这样做。

是以圣人云：受国之垢，是谓社稷主；受国不祥，是谓天下王。

所以有"道"的人说：能够承担国家的屈辱，才称得上是国家的君主；能为国家承受祸患的人，才配做天下的君王。

正言若反。

符合正"道"的话好像都像反话一样。

第七十九章

和大怨，必有余怨，安可以为善？

很大的仇怨虽经调解，总还是留有余怨。怎么说得上是最好的解决办法呢？

是以圣人执左契，而不责于人。

因此，有"道"的人保存借据的存根，但并不以此强迫别人偿还债务。

有德司契，无德司彻。

有"德"的人就像持有借据的人那样宽容不索取，没有"德"的人就像掌管税收的人那样苛刻刁诈。

天道无亲，常与善人。

自然规律对任何人都没有偏爱，永远帮助有"德"的善人。

第八十章

小国寡民。

国家土小且人民稀少。

使有什伯之器而不用；

即使有各种方便的工具器械也不使用。

使民重死而不远徙。

使人民重视死亡而不向远方迁徙。

虽有舟舆，无所乘之；

虽然有船只车辆，却没有必要去乘坐。

虽有甲兵，无所陈之。

虽然有武器装备，却没有机会去布阵打仗。

使民复结绳而用之。

使人民再回到远古结绳记事的自然状态中去。

甘其食，美其服，安其居，乐其俗。

使人民有香甜美味的饮食，漂亮华丽的衣服，安适稳定的住所，欢乐的风俗。

邻国相望，鸡犬之声相闻，民至老死，不相往来。

国与国之间互相望得见，鸡犬的叫声都可以听得见，但人民从生到死，彼此也不互相往来。

第八十一章

信言不美，美言不信。

真实的话不一定漂亮，漂亮的话不一定真实。

善者不辩，辩者不善。

行为善良的人不一定善于争辩，爱争辩的人不一定善良。

知者不博，博者不知。

有智慧的人知识不一定知识广博，知识广博的人不一定有智慧。

圣人不积，既以为人，己愈有；既以与人，己愈多。

有"道"的人毫不保留，他愈帮助别人，自己反而更加充足；他给予别人越多，自己就收获越多。

天之道，利而不害；

自然的规律是让万物都得到好处而不伤害它们。

圣人之道，为而不争。

有"道"的人的法则是施惠于众人而不争名夺利。